CB141595

Lições de Filosofia Clínica

Lições de Filosofia Clínica

Miguel Angelo Caruzo

Editora Sulina

Copyright © Miguel Angelo Caruzo, 2024

Capa: Humberto Nunes
Projeto gráfico e editoração: Cristiano Marques
Revisão: Gertrudes Valensoela da Luz
Editor: Luis Antônio Paim Gomes

Dados Internacionais de Catalogação na Publicação (CIP)
Bibliotecária Responsável: Denise Mari de Andrade Souza – CRB 10/960

C123l Caruzo, Miguel Angelo
Lições de filosofia clínica / Miguel Angelo Caruzo. – Porto Alegre: Sulina, 2024.
144 p.; 14x21 cm.

ISBN: 978-65-5759-182-6

1. Filosofia. 2. Literatura - Ensaios. I. Título.

CDU: 101

CDD: B869

Todos os direitos desta edição são reservados para:
EDITORA MERIDIONAL LTDA.

Rua Leopoldo Bier, 644, 4º andar – Santana
CEP: 90620-100 – Porto Alegre/RS
Fone: (0xx51) 3110.9801
www.editorasulina.com.br
e-mail: sulina@editorasulina.com.br

Dezembro/2024
Impresso no Brasil / Printed in Brazil

“Apesar de pequenos embates entre fundamentação e método, no início de meu trabalho, cito os que viveram ao confronto. Conforme já afirmei aos meus alunos, descartei – não sem dor – tudo o que não teve aplicação prática.”

Lúcio Packter

Sumário

Prefácio

Em 2020, aproveitando o confinamento da pandemia pelo Covid-19, Miguel escreveu o livro *Introdução à Filosofia Clínica*. A Editora Vozes acertadamente o publicou em agosto de 2021, hoje já com reimpressão. Esse livro marca a história por se tratar da primeira obra com característica pedagógica e uma precisa explicação introdutória sobre o novo paradigma de cuidado humano direcionada a estudantes e interessados.

Anteriormente, as bases de leituras e estudos eram o livro "Filosofia clínica: propedêutica" e os "Cadernos" escritos por Lúcio Packter em meados dos anos 1990 quando das primeiras aulas e constituição do método, juntamente com os livros dos filósofos clínicos Hélio Strassburger e Monica Aiub. Faltava essa conjunção organizada do método, lacuna que Caruzo preencheu com sua primeira obra.

Inspirado pelas pesquisas e experiências de consultório ao longo dos últimos 12 anos, Miguel escreve seu segundo livro: "Lições de Filosofia Clínica". Uma continuação do primeiro, agora em forma de ensaios reflexivos sobre seus aprendizados teórico-práticos na filosofia clínica. Além dos atendimentos em consultório, pesquisas e escritos na área, o autor faz parte do Conselho Editorial da Revista da Casa da Filosofia Clínica e atua desde 2020 como professor e supervisor de estágios, despontando como uma crescente referência e cumprindo papel fundamental de pensador deste novo paradigma.

O livro é organizado em 50 lições que podem ser lidas em sequência ou por interesse do leitor, ou seja, cada ensaio trata de tema específico sendo, no entanto, conduzidos por um fio que tece e costura essa trama de reflexões. Esse fio é a singularidade, pilar que dá origem, sentido e sustentação ao método da filosofia clínica. Dessa maneira, Miguel reflete sobre a necessidade de manter-se em contínuo aprendizado. Ler, clinicar e escrever são fundamentais para o cuidado do cuidador.

Ele versa sobre questões acerca das referências filosóficas utilizadas por Lúcio Packter para sistematizar o método, a exemplo da "Lição 21 - Sócrates e Protágoras" onde explica que, nesse processo de sistematização, Lúcio promoveu um diálogo ou uma síntese entre a ideias de Sócrates e do sofista Protágoras. Reafirma na "Lição 12 - Contribuição consistente", a forma com a qual Packter leu os filósofos e apenas utilizou de suas ideias aquilo que tivesse aplicação prática. Com isso, Caruzo fala de filosofia clínica em interseção com a filosofia. Mostrando indícios de estruturas de pensamento e representações de mundo dos principais filósofos que inspiraram a criação do método.

Miguel ressalta a importância da "experiência concreta e rigorosa do cotidiano do consultório" e critica a romantização do método no texto que primeiro me abriu os olhos para a leitura, "Lição 22 - Sem romantismos". Em sua aplicação prática, a clínica exige um profissional que precisa se renovar a cada partilhante que chega em um exercício de plasticidade que realmente acolha cada singularidade e seus mais diversos desdobramentos existenciais.

Muitos estudantes que absorvem bem a teoria dessa nova abordagem, aportam em algum cais ao experienciarem o atendimento clínico. Esse é, muitas vezes, um mar revolto onde filósofo clínico e partilhante colocam-se à deriva para, então, ousarem atravessar em construção compartilhada até avistarem novos horizontes. Travessia insuportável para muitos, para outros, a própria satisfação.

O autor teve o cuidado de frisar ao longo das lições a importância de dominar as três etapas do método: exames categoriais, estrutura de pensamento e submodos, com a finalidade de garantir a compreensão da singularidade de cada partilhante. Para isso, ele pensa em questões como o planejamento clínico, a humildade no exercício da função, as sutilezas da clínica, o rigor conceitual que privilegia o uso da linguagem da filosofia clínica e os desafios da suspensão dos juízos.

Na "Lição 29 - A tipologia e a singularidade" Miguel pensa em um tema muito comum em nosso tempo: meu filho é normal? Os diagnósticos na infância, seus impactos, a redução da criança a uma lista de sintomas, o enquadramento... se todos somos singulares, por que tanta busca por um padrão de normalidade? Aqui são lançadas essas provocações. Muito bem-vindas e necessárias. Urge sair da lógica de linha de produção da espécie humana.

Nas Lições 38 e 45, Caruzo fala da importância da filosofia para compreender o método e suas origens para o exercício da clínica filosófica, e como um treino de leituras densas que pode contribuir para a prática de consultório, aguçando a percepção de nuances mais sutis, detalhes. Miguel tece críticas aos atuais rumos dos estudos do criador do método, especialmente nas lições 28 e 41, e à matemática simbólica nas lições 36 e 37. A intenção do autor está clara, é a preocupação em preservar a singularidade, proposta que dá originalidade ao método e traz essa mensagem libertária, bem distante das lógicas da normalidade e seus parâmetros opressores.

Destaco ser fundamental a leitura das lições 31 e 50. Nelas, o autor cita a relevância das pesquisas e práticas do filósofo clínico Hélio Strassburger com os atendimentos em hospitais psiquiátricos e a compreensão das lógicas dos excessos e das lógicas do improvável acolhendo e ouvindo fenômenos existenciais antes marginalizados. Esses estudos são inspirados nas ideias iniciais sobre os limites do atendimento a pessoas com raciocínio desestruturado. Mas, será que um dos grandes problemas de nossos tempos não é justamente classificar, medicar, chamar de anormal ou louco aquele que eu não compreendo?

Com essas e tantas outras inquietações, o livro confirma a beleza, a autenticidade, a seriedade e a eficácia do método criado por Lúcio Packter que, em trabalho de construção compartilhada, coloca o fenômeno da singularidade no centro da questão do cuidado humano em contraposição às tradições já estabelecidas ou tendências futuras de atendimentos via inteligência artificial e seus mecanismos a priori, prescritivos, padronizados. A filosofia clínica trabalha com o fenômeno irrepetível de cada um, seu inédito. Aqui a singularidade é a Musa inspiradora.

Dionéia Gaiardo
Filósofa Clínica

Introdução

As lições de *filosofia clínica* nascem da prática de consultório, das pesquisas teóricas, dos diálogos com colegas da área, da prática docente e da observação do quanto a mensagem dessa terapia voltada à *singularidade* pode se perder caso falte o zelo de seus *filósofos clínicos*. Por isso, cada lição reflete sobre questões relevantes para quem passou pela formação e precisa manter-se atento ao tesouro em vasos de barro que é este novo paradigma no mundo das terapias.

Trata-se, portanto, de uma continuação da Introdução à Filosofia Clínica[1]. É um convite à formação continuada e ao entendimento do quanto o consultório deve ser o parâmetro para o desenvolvimento de um *papel existencial* de aprendiz, tendo o *partilhante* como critério do desenvolvimento e aprimoramento contínuo dessa metodologia terapêutica.

Para quem pretende conhecer a *filosofia clínica* e sua proposta emancipadora, a leitura destas páginas pode ser valiosa. Pois, as linhas escritas se constituem como uma defesa dos princípios fundamentais da clínica filosófica segundo sua finalidade maior: a prática terapêutica. Tomar este fim como parâmetro é manter a vocação própria dessa metodologia.

A *filosofia clínica* é, portanto, uma prática de atendimentos em busca de levar o *partilhante* ao *bem-estar subjetivo*. As teorias, os livros, os discursos e demais produções que desconsideram a função principal dessa abordagem, podem desvirtuar a inspiração original. Por outro lado, as reflexões

[1] CARUZO, Miguel Angelo. Introdução à Filosofia Clínica. Petrópolis, RJ: Vozes, 2021.

que se desdobram a partir do acolhimento à *singularidade* podem trazer contribuições.

Cada lição apresentada pretende ser uma defesa e reafirmação da vocação original da *filosofia clínica*. Os textos podem ser lidos independentemente, pois trazem um sentido por si. Mas, os conteúdos são complementares. Isso pode ser constatado tanto na leitura linear quanto seguindo os temas de interesse de forma aleatória.

Para manter a clareza do conteúdo, as palavras em *itálico* destacam a terminologia própria da *filosofia clínica* e, no fim do livro, há um breve glossário com a respectiva explicação de cada termo.

Boa leitura!

Miguel Angelo Caruzo

Lição 1
O novo paradigma

A *filosofia clínica* nasce destinada a ser uma proposta ou opção para filósofos formados em instituições reconhecidas pelo MEC. Uma alternativa para quem se graduou em filosofia e gostaria de encontrar outras aplicabilidades além da sala de aula, das pesquisas teóricas e da falta de emprego pela qual passam muitos após a conclusão do curso. Lúcio Packter viu na *filosofia clínica* uma consequência natural das demandas de nosso tempo enquanto desdobramento da filosofia acadêmica.

As considerações iniciais de Packter a respeito da *filosofia clínica* apontam para um caminho inevitável das pesquisas de um filósofo. Porém, a abordagem terapêutica sistematizada por ele não encontra precedentes sequer nas propostas de filosofia prática como as elaboradas desde os anos 1980, inicialmente na Europa, depois na América do Norte. A clínica filosófica mostrou-se maior do que seu sistematizador supôs.

Foi necessário alguém de fora dos muros da academia para sistematizar o uso do pensamento filosófico para o consultório nos moldes da *filosofia clínica*. Lúcio havia passado por uma formação em medicina, pós-graduações em áreas das psicologias, estudos de psiquiatria e psicanálise. A graduação em filosofia viria somente como um requisito possivelmente necessário no momento em que decide expor os resultados de sua pesquisa. Ou seja, quando cursa a graduação em filosofia, a *filosofia clínica* já estava sistematizada.

Embora ensinar a *filosofia clínica* a bacharéis e licenciados em filosofia fosse um caminho natural para Packter, a recepção repleta de resistências mostrou a diferença do *padrão autogêni-*

co da nova metodologia terapêutica em relação aos empoeirados estudos realizados na academia. O que para Lúcio era uma consequência natural, constituía um rompimento – um estranhamento – com os *princípios de verdade* vigentes no mundo acadêmico. Valendo-me da reflexão de Thomas Kuhn, o novo paradigma inquietou os diletantes da ciência normal.

Além de ser um uso da filosofia considerado incomum, havia outro agravante contribuindo para a resistência acadêmica e, quem sabe, para os *princípios de verdade* dos brasileiros: a *filosofia clínica* é uma abordagem terapêutica de alguém do Brasil. Se pensar em filósofos nacionais é difícil, imagine a dificuldade de aceitar alguém que criou algo novo e consistente, aparentemente tão distante das raízes da própria filosofia e, ao mesmo tempo, tão devedora dela.

Por um lado, essa resistência é compreensível diante desses *princípios de verdade* difundidos pelos subentendidos silêncios do mundo acadêmico. Por outro, pode-se considerar algum tipo de "ponto cego" em Lúcio Packter. Ao sistematizar a nova abordagem terapêutica, ele leu os filósofos com um olhar próprio, com os olhos vindos de uma *estrutura de pensamento* que carregava em germe a própria *filosofia clínica*. Em outras palavras, a sistematização ocorreu com pesquisas de um "proto" *filósofo clínico* e não de um intérprete acadêmico. Ele se concentrava mais na *estrutura de pensamento* dos autores do que na análise dos temas, hipóteses e argumentos de suas obras.

Na periferia de uma tradição eurocêntrica da filosofia – e aqui abstenho-me de juízo de valor –, em uma ex-colônia, entre os últimos países latino americanos a terem universidade, surge uma novidade. O que poderia consistir em um orgulho nacional ainda é visto com desconfiança e resistência. Nada novo para quem conheceu a história de pensadores como Sócrates.

Lição 2
Compreensão e interpretação

A leitura de textos filosóficos costuma passar pelas etapas de compreensão e interpretação. A primeira requer atenção ao que o filósofo escreveu, sem acrescentar nada ao conteúdo. Em seguida, o leitor pode interpretar buscando nas entrelinhas o que o autor quis dizer. Para esta atividade, quem lê se vale de diversos pressupostos como o conhecimento a respeito dos interesses do autor, suas obras anteriores e posteriores, as questões de sua época e os possíveis interesses implícitos na obra.

A *filosofia clínica* se atém à compreensão. Neste caso, não dos textos escritos. Mas, busca entender os textos vivos: os *partilhantes* e seus discursos, vivências, histórias, questões, dores, *buscas* etc. O livro da vida de quem procura os cuidados de um *filósofo clínico* é minuciosamente descrito segundo seus próprios protagonistas. Nada é acrescentado ou tirado. É o *partilhante* o critério de si em sua fala, *história de vida* e ações.

A metodologia da *filosofia clínica* é constituída de uma conduta e uma construção derivada da escuta. Em outras palavras, o *filósofo clínico* adota uma *postura fenomenológica* em seu trabalho de consultório. Ele acolhe as informações tais como aparecem na clínica, sem emitir ou ponderar com qualquer juízo de valor. Há uma suspensão de juízo – uma "epoché". Em seguida, na medida em que as informações são colhidas, o *filósofo clínico* realiza uma *hermenêutica compreensiva*.

As informações recebidas do *partilhante* são organizadas. Em um texto, a atividade compreensiva supõe uma leitura cujo conteúdo é entendido segundo uma análise gramatical descritiva. A análise sintática e morfológica apenas compreende o lugar da palavra em um texto, a função que cumpre e a mensagem emitida. No caso do trabalho da *filosofia clínica,* as informações colhidas possuem sua própria "análise gramatical": *exames categoriais, estrutura de pensamento* e *submodos*.

Essas três bases fundamentais do método são formais. Ao utilizá-los, o terapeuta acolhe as informações recebidas e as reúne segundo critérios de similitude a fim de compreender o "lugar" de tais conteúdos no *partilhante*. Por exemplo, os dados afetivos são identificados nas *emoções* sem juízos de valor para, por exemplo, qualificar o amor como positivo e o ódio como negativo. Desse modo, nada é acrescentado à informação. É como se colocasse cada uma das palavras, gestos e informações estruturados segundo o relato fornecido pela pessoa atendida para obter uma noção geral, permitindo a compreensão dos elementos e suas relações, para que o *filósofo clínico* possa perceber de modo mais claro os problemas ou as questões a serem trabalhadas.

Os *exames categoriais* localizam existencialmente o indivíduo em seu mundo, contexto e história a partir de cinco *categorias*. A *estrutura de pensamento* revela – entre trinta *tópicos* – elementos constitutivos de seu funcionamento interno, os conteúdos que o habitam e como se relacionam. Os trinta e dois *submodos* servem para identificar a viabilização dos *tópicos*, seu uso relacionado ao mundo no qual habita e, também, quais podem ser utilizados ou ensinados ao *partilhante* para lidar com suas questões.

Se o relato de um *partilhante* fosse um texto filosófico, como a "Crítica da Razão Pura", de Immanuel Kant, a tarefa do *filósofo clínico* seria encontrar os elementos conflitantes nessa obra do pensador alemão e – se isso constituir um problema para ele – os meios para auxiliá-lo a resolver esses impasses. Em alguns casos, o próprio sujeito atendido possui os meios para isso. Em outros, é necessário ajudá-lo com novas alternativas. Tudo feito considerando caso a caso, de acordo com a *singularidade*.

Lição 3
O normal, além de Foucault

O olhar crítico da *filosofia clínica* diante da questão da normalidade vem das leituras de pensadores como Michel Foucault. O filósofo pensou o desenvolvimento histórico da noção de loucura, o nascimento da clínica e inúmeros outros aspectos de classificação humana segundo parâmetros sociais e políticos. Mas, é possível pensar a própria ideia de normalidade segundo a vivência cotidiana, sem os pressupostos arqueológicos foucaultianos.

Os diálogos do dia a dia, às vezes pautados por *princípios de verdade* propostos (quase impostos) pelos critérios da ciência normal, costumam justificar comportamentos "anormais" a partir de tipologias. Se há dificuldade de atenção, trata-se de um problema incômodo. Se tal dificuldade é diagnosticada como Transtorno de Déficit de Atenção com Hiperatividade (TDAH), tudo parece se justificar. Em alguns casos, um remedinho resolve.

Algo parecido ocorre também com pessoas que, às vezes, já na vida adulta, ao visitarem um psiquiatra, constatam que sempre tiveram um grau de autismo: o Transtorno do Espectro Autista (TEA). Todas as dificuldades da vida passam a ser "entendidas", tudo começa a fazer sentido, qualquer possível "limitação" encontra sua justificativa.

Quando ocorre na infância, a reação pode ser diferente. Diante de um filho com comportamentos incompatíveis com o que se espera de uma criança "normal", os pais recorrem a determinados profissionais, detentores do saber (pseudo) científico e autorizados a emitirem seu juízo em forma de diagnóstico. Tal sentença pode justificar, mas também assustar alguns pais diante dos desafios que a criança pode enfrentar ao não se encaixar entre os normais da sociedade.

Embora, como diz um trecho da canção de Caetano Veloso, "de perto, ninguém é normal", no geral, do singular ao universal, segundo os *princípios de verdade* da comunidade pode-se até punir – com preconceitos, exclusão, internação, marginalização etc. – aqueles que não servem para trabalhar pelo funcionamento convencionado da sociedade.

Mas há outro modo de perceber tais manifestações da *singularidade*. Se por um lado, a maior parte de nós cabe ou se violenta para se encaixar nos parâmetros da sociedade; por outro, há quem não consiga, nem com todos os esforços possíveis, tornar-se adequado a tais convenções. Nestes casos, as características dessas *singularidades* podem contribuir. Podemos observar quantos poetas, romancistas, pintores, escultores, matemáticos e inúmeros outros que se destacaram em alguma área eram "diferentes". Nesses casos, "desencaixe" aos padrões presentearam os "normais".

O hiperfoco atribuído a alguns portadores do espectro autista, por exemplo, pode fazer de alguém pouco sociável, um grande matemático ou músico. A dor de não ver alguém assim se adequando às "alegrias" da convivência social costuma vir de pessoas que convivem com o autista e não do próprio. Afinal, se não fosse o diagnóstico, a característica distinta poderia não passar de peculiaridade a ser aceita. No consultório do *filósofo clínico*, todos são peculiares.

Lição 4
Sem diagnósticos

As pessoas costumam procurar diagnósticos para dar respostas aos sintomas que trazem. Essa identificação pode trazer alívio ou angústia. Saber o que se tem – isto é, em qual tipologia se enquadra – pode ser condição para o início de um tratamento com probabilidades de resolução. Pode ocorrer casos nos quais o diagnóstico é uma sentença de morte por não haver tratamentos comprovadamente eficazes. Há, também, situações em que as propostas paliativas auxiliam a amenizar problemas maiores.

Nas diversas áreas do saber humano como filosofia, história, literatura, física, química, medicina e psicologia a categorização de informações é um instrumento de clareza. Catalogar objetos, ideias ou conteúdos é um modo de entender o funcionamento de algo. No caso das terapias, esse procedimento traz a esperança de técnicas que viabilizam tratamentos.

O diagnóstico é fruto de perspectivas normativas. Uma doença é identificada quando os parâmetros ideais de alguém saudável não são encontrados na pessoa. Tais parâmetros são de ordem física ou psíquica. Ficar doente é quase um sacrilégio, um desvio de rota, um erro de percurso. É como um mal a ser extirpado.

Quanto às doenças de ordem psíquica, Michel Foucault trouxe reflexões pertinentes ao mostrar os critérios de ordem mais social do que "científico". O movimento da antipsiquiatria – David Cooper, Ronald David Laing, Thomas Szasz etc. – questionou a noção de doença mental e até a cientificidade da psiquiatria. Até na literatura, Machado de Assis, no conto "O alienista", apresentou magistralmente os limites da identificação da loucura.

A *filosofia clínica* nasce como continuação dessa crítica e reflexão. Mas não do mesmo modo como fizeram os autores ou movimentos supramencionados. Ela traz algo de próprio. Sua grande contribuição para o mundo das terapias está na consideração de que no consultório o critério é o da *singularidade*. Trata-se de uma contraposição à ideia e aos pressupostos das tipologias e das internações involuntárias.

Há categorizações na clínica filosófica. Porém, ela não ocorre segundo um parâmetro de normatividade. O *filósofo clínico* organiza as informações recebidas pela pessoa atendida no consultório. Trata-se de conteúdos referentes ao mundo (*exames categoriais*), ao funcionamento interno (*estrutura de pensamento*) e ao modo de ser ou agir (*submodos*) compreendidos unicamente a partir do *partilhante*.

Ao organizar as informações recebidas, o *filósofo clínico* constrói um "mapa" a fim de compreender e trabalhar as questões de quem recebe em seu consultório. Não há diagnósticos para oferecer porque não há critérios de normatividade. Não há um fim pré-determinado para encaminhar a clínica. É na pessoa atendida que se encontram os critérios, a identificação de seus problemas (*assunto imediato e último*) e os meios para auxiliá-la.

Não há diagnóstico, pois inexistem os parâmetros normativos. A *filosofia clínica* olha cada *partilhante* em sua estrutura única. Os dados da *singularidade*, isto é, a percepção de cada indivíduo como um universo irrepetível em contextos e *história de vida* (*exames categoriais*), constituição (*estrutura de pensamento*) e modo de ser (*submodos*) é o que o *filósofo clínico* precisa para realizar seu trabalho.

Lição 5
Autonomia da estrutura de pensamento

A *filosofia clínica* trabalha com a noção de *estrutura de pensamento*. Trata-se de uma série de aspectos constituintes do indivíduo. Algumas definições dizem que se refere ao que a pessoa é ou está sendo – tendo em vista sua plasticidade. Outras, apontam para tudo o que habita a pessoa. Em ambos, considera-se um entendimento estrutural do *partilhante*.

Trata-se de uma metodologia terapêutica que não trabalha com a noção de inconsciente, tal como apresentada por Sigmund Freud e seus sucessores. Com reflexões derivadas das noções de intencionalidade elaboradas por John Searle, o *filósofo clínico* considera as manifestações da *estrutura de pensamento* como aquilo para a qual a atenção da pessoa está voltada. O que um psicanalista pensaria como o inconsciente, o *filósofo clínico* compreenderia como aspectos estruturais, como alguns *tópicos*, que – em determinado momento, situação ou até por limitação – não são alvos da intencionalidade.

Em outras palavras, a diferença entre o que é percebido ou não pelo sujeito em sua *estrutura de pensamento* depende de sua atenção. Há, por exemplo, um *submodo* chamado *intencionalidade dirigida*. Enquanto *procedimento clínico*, consiste em levar o *partilhante* a se focar ou voltar-se a alguns aspectos em detrimento de outros. Aliado a este nome, o mesmo *submodo* possui o termo *filtro*. Essa ideia ajuda a perceber que ao escolher ou ser direcionado a perceber algo, outros elementos têm a sua atenção diminuída ou anulada.

Essa *estrutura de pensamento* pode trabalhar a favor ou contra a pessoa. Não no sentido de haver um inconsciente que precede a consciência. Mas, enquanto uma complexidade de elementos (*tópicos*) em *interseção* que nem sempre recebem a devida atenção, a intencionalidade. Na terapia, o trabalho pode consistir em lidar com a observação e modificação desses conteúdos observáveis. Também pode ser necessário lidar com as "periferias" do problema a fim de que ele possa mudar indiretamente.

O "ajuste" de uma *estrutura de pensamento* pode ocorrer de tantas formas quantas forem as *singularidades*. Deixá-la trabalhar a nosso favor pode ser um movimento usual. Caso não seja, a terapia é um caminho possível para trabalhar em benefício da pessoa. Não se trata aqui de pensar uma *estrutura de pensamento* anterior, posterior ou concomitante ao *partilhante*. Importa considerar que, independente da relação entre o indivíduo e sua constituição estrutural interna, pode haver *tópicos* se movimentando sem necessariamente ser percebido.

Em alguns momentos ou situações, a *estrutura de pensamento* pode ser vista como os órgãos do corpo trabalhando. Podemos, por exemplo, perceber e controlar nossa respiração. É possível, inclusive, alterar sua qualidade com fisioterapias e outros exercícios. Mas, no cotidiano, os pulmões trabalham sem a necessidade de nossa intervenção, sem uma *intencionalidade dirigida* ou um *filtro*, focada em percebê-la.

A *estrutura de pensamento* é um recurso, uma criação metodológica com a finalidade de colher, organizar e sistematizar a constituição do *partilhante* com o intento de auxiliá-lo em suas questões existenciais. A autonomia não necessariamente significa que todos serão autônomos, independentes. Às vezes, um indivíduo depende de outros ou até de direcionamentos das *circunstâncias*, *lugares* e *relações*. Por isso, importa tomar por princípio a *singularidade*.

Lição 6
Uma clínica filosófica

O uso da filosofia para a atividade clínica pode soar confuso no século da consolidação da psicologia. Uma área considerada como eminentemente teórica é vista com desconfiança quando se dispõe a fundamentar um método a fim de auxiliar pessoas em consultórios (escolas, hospitais, empresas etc.). Tal estranheza pode ser dissipada quando percebemos o quão filosóficas são as questões trazidas à terapia.

Além das influências historicamente filosóficas, a psicologia – e em alguma medida, a própria psicanálise – nasce a partir da observação empírica em vista de constituir modelos comportamentais. Com o tempo, os métodos tornaram-se mais complexos, profundos e obtiveram grande êxito.

A *filosofia clínica* nasce de um apelo filosófico do fenômeno humano. As questões existenciais não são puramente comportamentais, nem são redutíveis a tipos ideais de normas a serem alcançadas segundo determinados procedimentos. Lúcio Packter trouxe para o consultório um método com capacidade de pensar e aplicar um modo de agir adaptado a cada pessoa, *em direção ao termo singular*, considerando radicalmente sua irrepetibilidade existencial.

Platão escreveu "A República", Aristóteles, "A Política", Rousseau, "Discurso sobre a origem e os fundamentos da desigualdade entre os homens", Marx, "O Capital". O que esses autores têm em comum? Todos expuseram em suas respectivas obras o modo como eles enxergam e idealizam o mundo. Em *filosofia clínica*, chamamos isto de *como o mundo parece*; também podem ser encontrados outros *tópicos* como *pré-juízos*, *paixão dominante* e *axiologia*.

Trata-se do primeiro entre os trinta *tópicos* da *estrutura de pensamento*. Enquanto *tópicos*, eles constituem referências formais. Cada um dos filósofos supramencionados possui um conteúdo próprio para preencher esse *tópico* e os demais significativos para cada um deles. O mesmo ocorre com cada *partilhante* em consultório. Seria possível, tirando as variáveis, as especificidades, encontrar pontos de contato entre a visão de mundo dos *partilhantes* entre si e em relação aos pensadores da história da filosofia. Porém, nesse processo, se perderia o que é próprio de cada um deles em sua constituição (*estrutura de pensamento*), em como vivem (*submodos*) e em seus contextos (*exames categoriais*).

As bases metodológicas em suas *categorias*, *tópicos* e *submodos* são derivadas de conteúdos filosóficos pesquisados por Lúcio Packter. Mas, não no sentido de encontrar respostas prontas nos pensadores. A finalidade de seus estudos era compreender o *partilhante* e auxiliá-lo em sua complexa *singularidade*. Por isso, os inspiradores da metodologia da clínica filosófica não aparecem na execução do método. A *filosofia clínica* é uma abertura compreensiva.

Portanto, até o caráter filosófico da *filosofia clínica* é diferente do identificado nas demais abordagens terapêuticas sistematizadas desde o início dos anos de 1980 – que também trazem referências da filosofia. Sua especificidade se encontra na capacidade de lidar com os questionamentos e problemáticas existenciais a partir do próprio *partilhante*. É ele a fonte das informações necessárias, o critério segundo o qual é realizado o trabalho e o fim da atividade terapêutica. Trata-se de uma metodologia a posteriori, adaptada a cada pessoa em suas necessidades e especificidades.

Lição 7
Universal para mim

Ao pensarmos a filosofia, imediatamente pode aparecer a ideia de noções universais. Afinal, por meio dela investigamos o todo ou a totalidade enquanto tal (metafísica ou ontologia), os homens (antropologia), os valores (axiologia, ética), a organização social (política) entre outras questões. As respostas obtidas por meio dessas reflexões são afirmações universais: quem é o homem, qual a causa última ou a natureza do ser, qual é o modelo ideal de sociedade etc. Diante disso, como pensar a *singularidade* proposta pela *filosofia clínica* e, ainda assim, permanecer com a convicção de que ela é filosófica?

Encontramos a resposta para esta questão na própria filosofia. Os pensadores dos últimos vinte e cinco séculos são a prova do pressuposto da *singularidade* no método de nossa abordagem terapêutica. Quem pode nos auxiliar a enxergar isso é um pensador de fora do cânone filosófico: Protágoras de Abdera.

O sofista Protágoras afirmou que “O homem é a medida de todas as coisas, das coisas que são, enquanto são, das que não são, enquanto não são”. Os filósofos tomaram-no por relativista. Os lógicos viram em sua afirmação uma contradição, visto ser uma “medida absoluta”, uma universalização, sobre o homem.

Lúcio Packter leu Arthur Schopenhauer como atualização de Protágoras. Logo no início de sua obra magna, o pensador alemão disse: “O mundo é minha representação”. Packter faz um recorte desta obra do século XIX e sintetiza as teses do filósofo e do sofista em prol do trabalho no consultório. O pressuposto da *filosofia clínica* inspirado nesses autores revela algo próprio das investigações filosóficas, mas pouco enfatizado: cada filósofo possui sua própria *representação de mundo*.

Nenhum filósofo ao longo da história concordou plenamente com todas as ideias de seus antecessores ou contemporâneos. Se houvesse essa concordância, algum grande filósofo não veria como necessário escrever ou ensinar algo novo; bastava repetir o que havia sido dito ou publicado por outrem. Em vez disso, seguem *em direção ao termo universal* com suas teses *singulares*.

Sócrates, Platão e Aristóteles não foram repetidores das ideias entre si e, muito menos, dos pré-socráticos. O mesmo pode ser dito em relação aos escolásticos do medievo, aos pensadores do idealismo alemão e aos fenomenólogos do século XX. Haviam pontos de concordância e divergência – parcial ou total – até entre discípulos e mestres.

No consultório, cada pessoa é vista como um "filósofo" com seus próprios sistemas de pensamento em relação a si e ao mundo. No encontro entre *partilhante* e *filósofo clínico* se estabelece uma *interseção*. Nela, duas *representações de mundo* aparecem. Mas, o terapeuta é convidado a realizar a *postura fenomenológica*, fazer a *recíproca de inversão*, ir *em direção ao termo singular* e acolher quem atende a fim de compreender a representação do outro.

A afirmação feita por cada pensador, filósofo, *filósofo clínico* ou *partilhante* se origina de uma *representação de mundo*. As pessoas carregam convicções sobre coisas ou situações e as universalizam mesmo sem se dar conta. Sem algum grau de certeza ou ilusão, provavelmente mudariam de ideia. A *filosofia clínica* não nos impede de carregar nossas convicções. Mas, nos ensina que isso é assim para mim ou para você, algo que cumpre um papel na subjetividade, e não necessariamente serve para todos.

Lição 8
O princípio de verdade

A *filosofia clínica* pensa a verdade sob dois aspectos: a subjetiva e a convencionada. A primeira é encontrada na *estrutura de pensamento* do *partilhante* enquanto algo que lhe constitui. A segunda é identificada quando compartilhada por mais de uma pessoa, grupos, congregações, associações, sociedades ou nações. A verdade universal não é trabalhada no consultório. Então, como ficam as verdades objetivas e universais?

Quando um filósofo defende uma tese, considera a validade universal de sua ideia. Quando trata de uma realidade – seja ela concreta, abstrata ou de qualquer natureza – afirma a objetividade de sua verdade. Porém, não há consenso em qualquer tese filosófica pretensamente absoluta. Os filósofos concordam parcialmente em determinados pontos. Nem mesmo a definição de filosofia é consensual.

Quando alguma ideia filosófica encontra consenso, em *filosofia clínica* esse ponto de convergência é considerado um *princípio de verdade*. Não somente teses em comum – isto é, concordâncias sobre *pré-juízos* – levam esse nome. Os *princípios de verdade* podem se referir a *axiologias*, *emoções*, *como o mundo parece*, *buscas* e inúmeros outros *tópicos* com elementos em comum entre duas ou mais pessoas.

O *filósofo clínico* não questiona a objetividade ou universalidade de uma verdade. Não é esse o papel e, menos ainda, a finalidade dessa metodologia terapêutica. No consultório, o *partilhante* é compreendido a partir de sua *representação de mundo*. A *estrutura de pensamento* é um “filtro” por meio do qual cada pessoa vivencia sua experiência de seu entorno e de si.

A objetividade das leis, das fórmulas matemáticas, dos dogmas religiosos e até das descrições e das leis da física são vistas, percebidas e experienciadas por olhares, reflexões e concatenações subjetivas, por representações singulares de mundo. Se cada pessoa for convidada a descrever com suas próprias palavras ou por algum outro modo que julga melhor para se expressar (*semiose*) alguma das verdades supramencionadas, certamente encontraremos uma miríade de nuances. Algumas possivelmente contraditórias, excludentes, incompatíveis etc.

Não cabe ao *filósofo clínico* impor verdades universais ou negá-las quando as encontra aceitas ou rejeitadas pelo *partilhante*. Ao assumir a *postura fenomenológica*, o terapeuta suspende suas verdades e acolhe a verdade (*pré-juízo, como o mundo parece, axiologia* etc.) de quem atende, seja ela puramente subjetiva (*pré-juízo*), seja ela convencionada (*princípio de verdade*).

A própria *filosofia clínica* pode ser vista como um *pré-juízo*, fruto das pesquisas iniciadas nos anos de 1980 por Lúcio Packter. Antes de sua sistematização começar a ser ensinada em meados dos anos de 1990, a clínica filosófica era um *pré-juízo*, fruto da *busca* e *emoções* do pensador por auxiliar as pessoas em suas questões existenciais. Quando a primeira turma começou a abraçar sua proposta, deu-se início a uma *construção compartilhada* contínua e vigente até nossos dias. O *pré-juízo* segundo o qual os indivíduos são *singulares* tornou-se um *princípio de verdade* entre esses estudantes, especialistas e *filósofos clínicos*.

Lição 9
Identificação induzida

O diagnóstico é uma resposta diante de uma série de sintomas elencados em manuais como os de psiquiatria ou de psicologia. A *filosofia clínica* não trabalha com critérios normativos para emitir seu parecer. Pois, é o *partilhante* – com sua *história de vida* contada por ele mesmo – o parâmetro para pensar sua *estrutura de pensamento*, a identificação de seu *assunto último* e o planejamento dos *procedimentos clínicos*. Por que não trabalhar com diagnósticos?

Pelo método da clínica filosófica é possível compreender os diagnósticos como *pré-juízos* questionáveis dado o risco de constituírem uma *intencionalidade dirigida* tanto pelo profissional quanto pelos "pacientes ou clientes". Por *intencionalidade dirigida* compreendemos um *submodo* cuja finalidade é direcionar a atenção, o foco, para algo ao qual queremos que o *partilhante* se volte. Como isso ocorre e de que maneira o diagnóstico nas abordagens psi é entendido?

Se após o relato de alguma experiência do *partilhante*, o *filósofo clínico* pede para ele dizer o que sentiu naquele momento, haverá a tendência a buscar naquela vivência algum aspecto relacionado às suas *emoções* ou *sensações*. O mesmo ocorreria se pedisse para falar sobre o que era mais importante (*axiologia*), o que alguém disse (*recíproca de inversão - termos agendados no intelecto*), o que havia ao redor (*deslocamento curto - percepcionar*), o que queria (*busca*) etc. Ou seja, quando o *filósofo clínico* deixa o *agendamento mínimo* e a *postura fenomenológica*, sua negligência pode induzir o indivíduo a levar a atenção para aspectos outros e não para elementos determinantes da própria *estrutura de pensamento*.

No caso dos diagnósticos, a formação do terapeuta – psicólogo, psicanalista, psiquiatra etc. – o leva a identificar padrões ou características correspondentes a alguma referência tipológica. Desse modo, com critérios prévios de normalidade, a observação do "paciente" é feita com a busca de sintomas de anormalidade. Tudo o que parece fora do normal, é uma característica que, somada às demais, e comparada aos aspectos elencados no "manual diagnóstico e estatístico de transtornos mentais" (DSM-5) ou na "classificação internacional de doenças relacionados à saúde" (CID-10) conduzem à afirmação de determinada doença ou transtorno.

No caso dos "pacientes" ou de pessoas sem formação nas áreas da saúde, os diagnósticos assemelham-se às características dos signos na astrologia. Nesse caso, não são as características encontradas – filtradas – que são posteriormente comparadas ao dado tipológico. Mas, os tipos e suas características servem como direcionamento para que a pessoa encontre em si aspectos correspondentes.

Em ambos, a *singularidade* é negligenciada. A atenção – *intencionalidade dirigida* ou *filtro* – serve como olhar seletivo em busca das correspondências entre as listas dos manuais e características pessoais. O universo de aspectos que não se enquadram nesses diagnósticos e que constituem a *singularidade* é ignorado. A totalidade do outro é percebida de modo fragmentário.

A *filosofia clínica* enquanto uma das respostas para as demandas terapêuticas propõe uma nova abordagem. Não nos cabe julgar quaisquer áreas com propostas de auxiliar as vidas das pessoas. Mas, para bons diálogos, pontuar as diferenças pode viabilizar o início de conversas em busca de enriquecer o debate e promover o crescimento das partes.

Lição 10
Especialista em inéditos

Há terapeutas de diversas abordagens se apresentando como especialistas em algum problema ou grupo de pessoas. Vemos anúncios ou cartões de visita com profissionais voltados ao trabalho com crianças, casais, idosos, LGBTQIA+, cristãos; no caso da especialidade em trabalhar com problemas, alguns se dispõem a trabalhar com dependentes químicos, pessoas com transtorno de ansiedade, depressão, TDAH; há ainda quem se volte para empresas, educação, saúde; as listas são intermináveis.

Se um *filósofo clínico* se apresenta como especialista numa área dessas – e isto não consistir somente em estratégia de divulgação –, esse profissional pode estar diante de uma contradição com seu próprio método. É possível trabalhar nos âmbitos e grupos mencionados, mas não como se fosse uma especialidade com modos de atuação previamente pensados. Inclusive, as demandas das primeiras sessões e com as quais alguém pode se identificar ao ver em um anúncio e trazer para a clínica podem consistir em *assuntos imediatos*. Por isso, o trabalho somente é possível na medida em que a *filosofia clínica* é exercida integralmente.

O *filósofo clínico* lida com a *singularidade*. Não se trata de uma palavra bonita carregada de estratégia de "marketing". Nosso método terapêutico é radicalmente voltado para considerar os indivíduos como únicos. A consequência disso é que não é possível basear-se na *filosofia clínica* e, ao mesmo tempo, segmentar pessoas ou problemas antecipadamente – o que, conforme dito anteriormente, poderia reduzir o trabalho ao cuidado com o *assunto imediato*. Em ambos os casos, qualquer consideração prévia sobre o *partilhante* pode trazer prejuízos para o trabalho.

O *filósofo clínico* não tem critérios estatísticos e, muito menos, universais para compreender seu *partilhante*. Cada um que busca a ajuda do terapeuta é um universo próprio, uma *estrutura de pensamento* com uma *história de vida* (*exames categoriais*) irrepetível e com modos (*submodos*) de viver incomparáveis.

Quanto aos problemas, deve-se haver uma clareza de que há o *assunto imediato* e o *assunto último*. Se alguém procura um *filósofo clínico*, por exemplo, queixando-se de transtorno de ansiedade, o *partilhante* será convidado a contar sua *historicidade* a fim de que, após ser compreendida em sua conjuntura singular, essa "ansiedade" seja contextualizada. A queixa inicial pode remeter a outras questões a serem trabalhadas.

Em relação ao atendimento voltado aos grupos, o caminho é o mesmo: considerar a *singularidade*. O trabalho em empresas, igrejas, escolas ou com casais passam pela compreensão de cada pessoa – como *partilhante* – no ambiente (*lugar*), no convívio (*relação, interseção entre estruturas de pensamento*), com os valores (*axiologia*) gerais (*princípio de verdade*) da instituição ou os objetivos (*buscas*) de seus líderes e inúmeros outros aspectos.

A especialidade do *filósofo clínico* é a *singularidade*. Mas, diante das limitações e alcances de cada terapeuta, é importante considerar que, por exemplo, alguns qualificam melhor a *interseção* com crianças e, outros, com adultos. Há quem fique mais à vontade em ambientes hospitalares auxiliando *partilhantes* em estágio terminal ou internados em instituições psiquiátricas do que em consultório localizado na sala de um shopping. Outros trabalham melhor com mulheres do que com homens e vice-versa. Mas, em todos esses casos, o princípio é o mesmo: considerar cada pessoa como única e realizar os *exames categoriais,* compreender a *estrutura de pensamento,* identificar e utilizar os *submodos*.

Cada *partilhante* é um caso único – sem precedentes nem comparações subsequentes. Não havendo semelhanças para servir como parâmetros para diagnósticos, prognósticos e planejamentos para intervenções, conceber uma especialidade na *filosofia clínica* constituiria uma contradição. Se for para atribuir uma especificidade em nosso trabalho, apontaremos o inédito em cada atendimento.

Lição 11
Procedimentos únicos

Ao se apresentar como uma terapia com ênfase na *singularidade*, a *filosofia clínica* pode dialogar com todas as áreas terapêuticas. Porém, se assumir qualquer área como complementar em seu trabalho, corre o risco de contradizer o próprio método. Ela traz em sua sistematização a capacidade de se adaptar a cada *filósofo clínico* e aos seus respectivos *partilhantes* em *construções compartilhadas* únicas.

As três etapas – apenas didaticamente separadas – do método atestam e fundamentam a impossibilidade de complementação de outras áreas para o trabalho no consultório. Por se tratar de uma abordagem voltada à *singularidade*, alguns procedimentos que podem ser encontrados em outros métodos terapêuticos já estão contidos em seu exercício. Com um diferencial: completamente adaptáveis a cada pessoa.

Começando pelos *exames categoriais*, o *partilhante* desde a queixa inicial, com o *assunto imediato*, até a identificação da questão a ser trabalhada, o *assunto último*, traz no relato de sua *historicidade*, a complexidade dos contextos (*circunstâncias*), das interseções (*relação*), das vivências *abstratas* e *sensoriais* das localidades (*lugar*), a experiência temporal (*tempo*) subjetiva em relação aos calendários, relógios, prazos e inúmeras outras medições convencionadas.

Paulatinamente, a *estrutura de pensamento* é descortinada. Os *tópicos* determinantes poderiam revelar semelhanças se o método não contemplasse uma estrutura formal – vazia – cujo conteúdo é inteiramente fornecido pelo *partilhante*.

Desse modo, *como o mundo parece, o que acha de si mesmo, pré-juízo, axiologia* e outros *tópicos* podem ser formalmente localizados e preenchidos por conteúdos apresentados.

O mesmo ocorre com os *submodos informais* e *formais*. Os primeiros revelam os meios já utilizados pelos *partilhantes* a fim de viabilizar sua *estrutura de pensamento*. Os seguintes, isto é, aqueles utilizados pelo *filósofo clínico* no exercício de sua função, precisam dos critérios fornecidos por cada indivíduo diante dos *assuntos últimos* a serem trabalhados. Os trinta e dois *submodos* são combinados e adaptados à realidade de cada pessoa acompanhada no consultório.

Quanto aos *procedimentos clínicos*, há inúmeras especificidades a serem levadas em conta. Vamos supor que o *filósofo clínico* sugira a leitura de "O Pequeno Príncipe" (*informação dirigida*), de Antoine de Saint-Exupéry, a dois *partilhantes*. Para um, a finalidade pode ser a distração (*intencionalidade dirigida, deslocamento longo, roteirizar*) diante da preocupação (*emoções*) na véspera de uma prova (*circunstância, tempo*). Para o outro, entender (*epistemologia*) o valor (*axiologia*) de uma amizade (*interseção, relação*). Também poderiam ser dois livros (ou qualquer outro recurso) diferentes para trabalhar o mesmo *tópico* em *partilhantes* distintos.

A biblioterapia (*informação dirigida*), a arteterapia (*esteticidade seletiva*), a escrita terapêutica (*esteticidade seletiva*), a psicanálise (*significado*), a terapia cognitivo comportamental (*epistemologia, significado, emoções, comportamento e função* etc.), e inúmeras outras expressões terapêuticas possuem seu valor social e estão consolidadas. A *filosofia clínica*, em vias de completar trinta anos desde quando começou a ser ensinada no Instituto Packter, cujo potencial é conhecido por seus *filósofos clínicos*, aos poucos tem tornado pública sua proposta adaptativa que abarca aplicações *submodais* individuais tão numerosas quanto são os *partilhantes*.

Lição 12
Contribuição consistente

A *filosofia clínica* não é uma colcha de retalhos, uma junção de pensamentos de filósofos dos últimos vinte e cinco séculos colocados lado a lado para forçosamente fazer sentido. A sistematização do método realizada por Lúcio Packter é tão complexa e coerente quanto construções filosóficas em diálogo com a tradição feitas por pensadores como Hegel, Arendt, Heidegger e Gadamer. Cada filósofo contribui com seu pensamento a partir de uma ideia, uma tese ou uma *representação de mundo*. A proposta de Packter – a finalidade de seu trabalho – pode ser resumida em ajudar pessoas em suas questões existenciais. O resultado de suas pesquisas o levou a uma contribuição para o mundo das terapias: a ênfase no pressuposto da *singularidade*.

Ao ignorar a *filosofia clínica* como uma sistematização consistente voltada à prática terapêutica, os próprios *filósofos clínicos* se veem inclinados a "filosofar" sobre o método. Acreditam que podem trazer Ortega y Gasset, Sartre, Hadot, Levinas e inúmeros outros para "teorizar" sobre o trabalho na clínica. Daí, teses que levam a reduzir a *filosofia clínica* conceituando-a como "fenomenologia", "prática da autonomia de pensamento", "práxis de alteridade" entre outras propostas. Ao considerar a *clínica filosófica* fora da finalidade de sua constituição – a prática, seja no consultório, seja nas variadas instituições –, os pesquisadores arriscam-se a querer pensá-la como "teoria sobre algo": o homem, a época, as relações, a espiritualidade etc. Então, faz-se muito, exceto *filosofia clínica*.

Lúcio Packter pensou a *filosofia clínica* em diálogo constante entre leituras dos autores e os atendimentos. Ele teve de abdicar de teorias das quais gostava por não se aplicar à prática. A partir dessa consideração, podemos refletir sobre este novo método terapêutico enquanto um sistema e – para os interessados em dar continuidade às pesquisas – como contribuir para essa abordagem.

Em primeiro lugar, deve-se levar em conta o modo de ler realizado por Packter. Lúcio leu as obras filosóficas – literárias, médicas, antipsiquiátricas, psicanalíticas etc. – com o olhar de um (proto) *filósofo clínico*. A *filosofia clínica* é fruto de um momento (sujeito a *autogenias* posteriores) da *estrutura de pensamento* de seu sistematizador. Não se trata de uma leitura visando construções teóricas, noções sobre a natureza humana, respostas às questões sobre o fim ou o princípio de todas as coisas. As ideias filosóficas eram acolhidas na medida em que podiam ser adaptadas à prática do consultório e deixavam abertas as percepções do terapeuta para a complexa *singularidade* de cada *partilhante*.

O movimento realizado por Lúcio é semelhante ao de inúmeros filósofos que elaboraram seu pensamento em diálogo com a tradição da filosofia ocidental segundo suas próprias características, isto é, de modo *singular*. A leitura de Aristóteles realizada, por exemplo, por Heidegger é original porque é adaptada ao pensamento heideggeriano e sua contribuição filosófica. O mesmo ocorre quando Packter lê Aristóteles e Kant e elabora os *exames categoriais*. Não é mais o Estagirita ou o pensador de Königsberg que fundamenta as cinco *categorias* da clínica, mas a própria sistematização do filósofo brasileiro.

Por isso, aqueles que desejam contribuir para a contínua atualização da *filosofia clínica* precisam pensar no sistema metodológico, em sua lógica interna e, sobretudo, em sua finalidade para que o princípio seja auxiliar os *partilhantes* e manter a acolhida à sua *singularidade*. As elaborações teóricas que fogem desses parâmetros encontram no próprio método a denúncia de suas contradições e inconsistências.

Lição 13
Além da técnica

Quem começa a conhecer a *filosofia clínica* com suas cinco *categorias*, trinta *tópicos* e trinta e dois *submodos* pode imaginar que o *filósofo clínico* passa toda a terapia construindo catalogações. Assim, cada frase emitida pelo *partilhante* seria analisada segundo os elementos que as constituem continuamente. De certo modo, as identificações ocorrem. Mas, o trabalho é mais sensível e profundo do que a aplicação de uma "técnica".

Ao longo da formação teórica, os aspirantes a *filósofos clínicos* aprendem como escutar o *partilhante* desde a acolhida e a apresentação do *assunto imediato* até a identificação do *assunto último* e o planejamento dos *procedimentos clínicos*. O aluno passa pelas etapas de colheita da *historicidade*, aplicação dos *dados divisórios* e dos *enraizamentos*, a identificação dos elementos que preenchem as cinco *categorias*, a montagem da *estrutura de pensamento* e seus respectivos critérios e o encontro dos *submodos* já utilizados informalmente pela pessoa atendida. Como fica evidente, é um período de estudos exigentes.

Portanto, a *filosofia clínica* é um método – um meio – para um fim: auxiliar o *partilhante*. Para isso, o domínio da abordagem terapêutica é fundamental. A compreensão e aplicação dela é imprescindível para a realização de uma clínica de qualidade. Mas, esse trabalho não é uma equação matemática. Ele depende da fluência do *filósofo clínico*, da qualidade da *interseção* com seu *partilhante* e de uma aptidão para esse *papel existencial*.

Quanto à fluência, desde o início do período de estudos, o neófito é convidado ao exercício contínuo de escuta (leituras, filmes, exercícios em aula etc.) do outro. O que envolve *epistemologia, recíproca de inversão,* suspensão dos *pré-juízos* a fim de evitar filtrar as informações com seus *significados* etc. O domínio gradual da aplicação da *filosofia clínica* visa tornar o trabalho do cuidador um pouco mais fluente. O inédito de cada consulta é um desafio a quem se dispõe a exercer essa atividade. Haverá a chance de um pouco de adrenalina a cada consulta. Mas, a postura socrática do não saber e da maiêutica adaptadas à clínica fazem parte de quem tem uma relação estreita com a filosofia.

Antes de iniciar os *estágios supervisionados* (os atendimentos com a supervisão de um *filósofo clínico*) o aluno passa pelo *pré-estágio,* isto é, ele é atendido a fim de trabalhar suas questões e também para identificar sua aptidão para a clínica. A *filosofia clínica* não possui preferências de pessoas. Mas, assim como qualquer profissão, exige algumas características. Há quem seja apto desde antes de iniciar o curso, faltando o aprendizado do método. Há aqueles que precisam trabalhar sua *estrutura de pensamento* para exercer o *papel existencial* de terapeuta. Porém, o *pré-estágio* pode revelar outras linhas de trabalho com mais identificação com o aluno.

Passando pela etapa teórica, a assimilação cada vez mais internalizada do uso do método e o aprimoramento pessoal por meio do *pré-estágio,* o aluno segue com o *estágio supervisionado.* Então, percebe o quanto a *interseção* desde o primeiro momento do atendimento pode ser determinante, assim como a qualidade da acolhida. Também pode se deparar com o quanto a *filosofia clínica,* uma vez internalizada e sempre revista e estudada, encontra leveza e, como parte da *estrutura de pensamento,* é quase invisível na prática cuja identificação se encontra nos resultados – nas *autogenias* – dos *partilhantes.*

Lição 14
Terapia, não psicoterapia

Logo nas primeiras linhas do "Caderno A", Lúcio Packter menciona o título de seus trabalhos acadêmicos – graduação e pós-graduação – como "Filosofia Clínica: uma introdução à psicoterapia filosófica". Um termo merece destaque: psicoterapia. Trata-se mais de uma imprecisão do que de uma intenção. A *filosofia clínica* não é uma "psicoterapia", mas uma terapia. Há uma sutileza provavelmente desconhecida dos dicionários, sobretudo quando se trata de uma construção filosófica na qual os termos são esclarecidos na reflexão e não pelo sentido comum da palavra.

As terapias "psis" encontram-se há pelo menos dois séculos no domínio das ciências empíricas. Embora seja constituído de dois termos "psico-terapia" e a primeira deriva da palavra grega traduzida por alma e utilizada amplamente pelo pensamento filosófico, a noção de psicoterapia é de domínio de uma abordagem contemporânea seguindo princípios iniciados com o positivismo. A *filosofia clínica* é contemporânea. Suas raízes e constituição oriundas dos últimos vinte e cinco séculos são suficientes para não considerá-la filha da psicologia, psicanálise ou psiquiatria. Ela trabalha em território semelhante, mas com método próprio.

Quando Lúcio se mostra no contexto com as terapias que precederam a proposta sistematizada por ele, consideramos uma herança de preocupações com o cuidado do outro. Em outras palavras, a *filosofia clínica* nasce em uma circunstância na qual havia demandas e propostas terapêuticas. Inclusive, a própria ideia de usar a filosofia para elaborar um trabalho clínico deve-se às propostas já existentes na Europa nos anos de 1980 com as quais Packter teve contato.

A *filosofia clínica* pode ser vista como metafilosofia e metapsicoterapia. O termo "meta" é de origem grega e designa a ideia de "além de" ou "depois de" e é conhecido pelo uso feito por Andrônico de Rodes que, na organização dos livros de Aristóteles, encontrou um conjunto de livros que ele colocaria depois dos livros sobre a física escritos pelo Estagirita. Assim, foi denominado "metafísica" o livro que posteriormente designaria uma área da investigação filosófica referente à filosofia primeira ou até à ontologia que, em suma, reflete sobre as condições de possibilidade das coisas que são.

Ao pensarmos nosso método como além da filosofia e das psicoterapias, o sentido fica mais claro quando o consideramos a partir da percepção de um pesquisador que ao ler os filósofos buscou a condição de possibilidade de suas reflexões. Assim, notou, por exemplo, o quanto é marcante a noção de *sensorial e abstrato* presentes em Platão, Aristóteles, Descartes, Locke e Hume e, ao mesmo tempo, o quão diferentes são as reflexões e conclusões desses pensadores a partir dos mesmos *tópicos* da *estrutura de pensamento*. O mesmo pode ser dito em relação aos *submodos* e *categorias*.

O início dessa busca ocorre através da interpretação de Lúcio Packter sobre a leitura de Protágoras. No tempo desse pensador, os filósofos (pré-socráticos) se questionavam sobre o princípio (arché) da natureza (physis). O sofista muda a direção da questão ao perguntar-se sobre aqueles que pensam essas coisas. Daí, surge a afirmação segundo a qual "O homem é a medida de todas as coisas, das que são, enquanto são, das que não são, enquanto não são". Em seguida, Packter realiza uma atualização do autor grego em Arthur Schopenhauer a partir de sua célebre afirmação: "o mundo é minha representação".

Quanto à terapia, ocorre esse direcionamento à pessoa com sua *representação de mundo*. Ao pensar nas condições de possibilidade de elaboração, vivência e contexto do problema de um *partilhante*, o *filósofo clínico* não elabora uma teoria a priori com elementos tipológicos. A metodologia é formal, ou seja, o trabalho consiste em organizar as informações recebidas como aparecem fenomenologicamente. Não há teoria sobre a natureza humana, seu funcionamento ou elementos que possam viabilizar diagnósticos e prognósticos. O *filósofo clínico* é um aprendiz desde o primeiro momento, com cada *partilhante* e a cada nova sessão.

Lição 15
O espanto filosófico

A *filosofa clínica* pode ser compreendida como filosofia diante dos problemas apresentados no consultório que, por sua vez, são semelhantes (quanto à forma) aos elaborados por filósofos desde seu início há vinte e cinco séculos. Mas, há outro aspecto presente no exercício dos *filósofos clínicos* que os tornam exímios filósofos: o espanto, a inquietação, o olhar admirado ante o novo que aparece a cada *partilhante* e a cada nova sessão.

A ideia da origem filosófica como espanto (thaumazein) vem relatada na obra *Teeteto* escrita por Platão. A formação filosófica na academia pode contribuir para o arrefecimento dessa disposição potencialmente presente em cada um de nós. As investigações tendem a ser artificialmente elaboradas, mas o resultado é sabido desde as primeiras leituras. Os filósofos são estudados para serem decorados em sua estrutura argumentativa e o "objeto" para o qual apontam às vezes sequer são percebidos. Por sorte, não são todos os casos assim.

No caso da *filosofia clínica*, o projeto socrático nem mesmo obedece à ironia do filósofo grego. Considerar que nada sabe sobre o *partilhante* não é um recurso retórico. E a atividade maiêutica pretende desconstruir as certezas do interlocutor. Na *clínica filosófica*, o terapeuta é convidado a suspender seu juízo (epoché) a fim de compreender o indivíduo atendido por ele mesmo. O exercício de colher as informações visa sobretudo organizar o conteúdo recebido para identificar o mundo (*exames categoriais*) da pessoa, quem ela é (*estrutura de pensamento*) e como age (*submodos*).

Nessa abertura ao *partilhante* sem qualquer concepção tipológica ou normativa a priori sobre o ser e o agir humano, a acolhida do inédito ocorre com o máximo de respeito à *representação de mundo* do outro. O *filósofo clínico* traz em sua *postura fenomenológica* o olhar atento para aquilo que aparece. Qualquer espera prévia – teorias, estatísticas, costumes, *pré-juízos* – poderia direcionar (*intencionalidade dirigida - filtro*) a percepção do terapeuta para o que lhe interessa e não para o que a pessoa atendida tem a oferecer.

O espanto, a admiração, é uma disposição que deu origem (arché) à filosofia e constitui parte fundamental de nosso método. Enquanto o olhar do senso comum percebe as coisas como iguais o tempo todo – como as sombras refletidas nas paredes na caverna na alegoria platônica –, o *filósofo clínico* ouve, nas aparentes falas comuns e facilmente identificáveis segundo critérios tipológicos contemporâneos, o inédito, o irrepetível, o *singular* nas linhas e entrelinhas expressas nas *semioses* dos *partilhantes*.

Não havendo critérios para avaliação tipológica, sem meios para construir um diagnóstico segundo os manuais internacionais, o *filósofo clínico* vê no *partilhante* sua principal e única fonte de informações, de critérios e de possibilidade de ação para seus *procedimentos clínicos*. Os resultados esperados podem surpreender até quem fez todo seu *planejamento* baseado exclusivamente naquele que se encontra sob seus cuidados.

A postura filosófica desta nova abordagem terapêutica requer abertura contínua ante o diferente. O método não muda, pois é constitutivamente adaptável – portanto, novo – a cada *singularidade*. Desde a acolhida e a apresentação do *assunto imediato* até a *alta compartilhada*, o espanto filosófico acompanha todo o trabalho.

Lição 16
Planejamento incerto

A *filosofia clínica* possui trinta e dois *submodos* que, combinados entre si, geram tantas possibilidades quantos são os *partilhantes* a serem atendidos. Ao se constituir como adaptável a cada *singularidade*, o método do qual o *filósofo clínico* dispõe traz como característica a plasticidade. Desse modo, a terapia tem seus direcionamentos, mas jamais fórmulas prévias imunes a adaptações.

Passando pelas três etapas do método – *exames categoriais*, *estrutura de pensamento* e *submodos* – o *filósofo clínico* passa da escuta do *assunto imediato* até a identificação do *assunto último*. A questão a ser trabalhada no consultório tem como ação do terapeuta os *procedimentos clínicos*. Para isso, o cuidador faz seu *planejamento clínico*.

Trata-se de pensar nas possibilidades de aplicação de *submodos* a serem realizadas ao longo das sessões. Todavia, é imprescindível considerar a plasticidade desse movimento. É necessário manter-se atento ao *dado atualizado* em cada novo atendimento. A dinâmica própria das *interseções* do consultório requer contínua atenção à qualificação desse contato, às modificações ocorridas no intervalo entre os encontros e até durante a partilha.

Embora seja convidado a exercer o *agendamento mínimo*, os movimentos de acolhida do terapeuta podem influenciar todo o andamento da sessão. Há um *agendamento* mútuo no qual *filósofo clínico* e *partilhante* podem passar por *autogenias* ao longo dos minutos de *construção compartilhada*. Por isso, o *planejamento clínico* precisa se adequar às modificações ocorridas ao longo da clínica.

A experiência dos *filósofos clínicos* paulatinamente podem romper com *planejamentos clínicos* rígidos no qual são antecipados os *submodos* a serem usados a partir de cada choque ou outro tipo de *interseção* entre os *tópicos* do *partilhante*. As três etapas fundamentais do método se mantêm, mas as demandas reivindicam plasticidade.

O *filósofo clínico* deve ficar atento ao *assunto último*. Inclusive, a questão a ser trabalhada pode ser tão complexa que pode-se facilmente pensar em mais de uma. Pode haver pontos centrais a lidar. Mas, no cotidiano dos atendimentos, a *evolução do assunto imediato* tende a demandar um labor com as periferias da questão. Não são raros os casos nos quais essa lida com as margens reverberam em resultados consistentes nos *assuntos últimos*.

O *planejamento clínico* continua a ser uma etapa relevante no trabalho do terapeuta. Porém, o *filósofo clínico* desde o início de sua formação é convidado a perceber a plasticidade – em si e no *partilhante* – da *estrutura de pensamento*, das *relações*, das *circunstâncias* etc. Até a *interseção* ocorrida no consultório pode migrar por *positiva*, *negativa*, *mista* e *indeterminada* em uma mesma sessão.

Como especialista em inéditos, o *filósofo clínico* se prepara para lidar com o novo de cada sessão. Ao identificar os *assuntos últimos*, ele sabe no que trabalhar. O "como" fazer precisa do *dado atual* de cada momento do desdobrar no consultório. Ele tem ciência dos *submodos* possíveis para a *estrutura de pensamento* do *partilhante*. Mas, como o método não é uma fórmula matemática, cada passo realizado na clínica requer o olhar atento para perceber as consequências de sua intervenção e planejar o próximo passo.

Lição 17
Limites do conhecimento

A *filosofia clínica* tem como fonte a filosofia desde suas origens. Diversas épocas, escolas, correntes filosóficas e autores tiveram sua margem de contribuição. No que tange o alcance de nosso conhecimento dos *partilhantes*, por exemplo, o empirismo inglês, o criticismo kantiano, a filosofia da ciência do século XX, a hermenêutica fenomenológica, entre outras, deixaram suas marcas na reflexão sobre o trabalho do *filósofo clínico*.

A afirmação de uma verdade universal pode ser vista como o *pré-juízo* de um *partilhante*. No caso de serem concepções compartilhadas por habitantes de uma cidade, uma comunidade religiosa ou acadêmica, tal *pré-juízo* pode ser visto como algo convencionado, um consenso, que, neste caso, torna-se um *princípio de verdade*. Então, o *filósofo clínico* nega uma verdade objetiva?

A objetividade de uma verdade passa pelos crivos de *estruturas de pensamento* únicas e suas respectivas *representações de mundo*. A constituição de um país é uma exposição objetiva de tais preceitos que regem uma sociedade. No entanto, os *termos equívocos* de um livro sobre direitos e deveres pode ser revisitado, reinterpretado e vivenciado a partir de infindáveis perspectivas. Portanto, respondendo à pergunta acima, a *filosofia clínica* não nega uma objetividade do que quer que seja. Porém, quando lida com um *partilhante*, fica aberto às especificidades próprias da relação entre a pessoa e o objeto com o qual lida.

Além da questão da objetividade, há a limitação no dado fenomenológico. O *filósofo clínico* é convidado a ouvir a *historicidade* do *partilhante* após seu relato do *assunto imediato*. A finalidade é simples: encontrar o *assunto último*, após uma escuta atenta e compreensiva aplicando *exames categoriais*, *estrutura de pensamento* e *submodos*. Mas, a *filosofia clínica* nos ensina a manter a humildade a todo o momento no exercício da função.

O relato trazido ao longo das consultas semanais, com cinquenta minutos de duração, por semanas ou meses, não abarca a riqueza de detalhes possíveis de serem experimentados em um dia. O *partilhante* faz um "resumo editado" de vinte a noventa anos de sua *história de vida*. A própria colheita dos *dados atualizados* na narrativa sobre a semana é um recorte. As informações obtidas nessas falas revelam, por um lado, conteúdos para elaborar uma *estrutura de pensamento*. Porém, o *filósofo clínico* é advertido durante sua formação a considerar esse conhecimento sobre o outro como um dado obtido por aproximação, jamais por exatidão.

O *filósofo clínico* reconhece esse conhecimento por aproximação em sua atividade. Algo às vezes ignorado por abordagens indispostas a abrir mão de seu saber/poder sobre as pessoas atendidas. No caso da *filosofia clínica*, essa constatação de um conhecer por aproximação não inviabiliza a clínica. É possível trabalhar com esses dados obtidos sem a pretensão de exatidão. É, inclusive, o que ocorre nos últimos quase trinta anos desde a formação das primeiras turmas no Instituto Packter. Esse reconhecimento traz uma postura aprendiz.

O *filósofo clínico* realiza algo próximo de uma maiêutica socrática. Não no sentido de confrontar as verdades subjetivas com as objetivas ou universais; menos ainda em busca de inconsistências por meio de comparações com parâmetros externos. A clínica filosófica traz à luz a complexidade da *estrutura de pensamento* do *partilhante* visando auxiliá-lo na busca por um *bem-estar subjetivo*.

Lição 18
As sutilezas da clínica

Entre diversas características, o trabalho do *filósofo clínico* passa pelo cultivo de um olhar fenomenológico. Trata-se de suspender os juízos – antes, durante e depois – sobre quem recebe no consultório a fim de compreendê-lo em sua complexidade, sem enquadrá-lo em diagnósticos. Essa postura viabiliza maior clareza ao longo do acompanhamento das sessões e percepção de sutilezas no desdobrar da clínica.

Para exemplificar, podemos pensar a respeito da qualidade do sono. Há consensos na ciência sobre o tempo mínimo e máximo que alguém deve dormir de acordo com a idade. Um adulto precisa de algo entre sete e nove horas. Quem passa menos do que o tempo necessário sofre um efeito cumulativo e torna-se propenso a doenças degenerativas quando estiver em idade avançada. Além disso, pode sofrer em curto prazo com a dificuldade de autocontrole devido às limitações de atividade do córtex pré-frontal.

Ainda que tais afirmações sejam corroboradas com uma miríade de pesquisas quantitativas, conhecemos pessoas longevas, saudáveis, com admirável autocontrole e que, curiosamente, dormiram menos do que o recomendado. Esta seria uma exceção? Para o trabalho de um *filósofo clínico*, todas as variáveis são acolhidas e, por isso, todo *partilhante* é uma exceção em sua *singularidade*.

O *filósofo clínico* não universaliza ou impõe a aplicação das regras sobre a qualidade de sono. Sua postura consiste em ficar atento ao peso subjetivo que modificações no tempo dormido podem ter para alguns *partilhantes*. Na clínica filosófica, a investigação é focada na *singularidade*. Identifica-se os *dados padrões*, os *dados atualizados*, os *dados literais* e a *evolução do assunto imediato* desde a primeira sessão. Esses são os critérios segundo os quais o terapeuta realiza seu trabalho de compreensão das *categorias*, dos *tópicos* e dos *submodos* e, após identificar o *assunto último*, encontra os meios necessários para realizar os *procedimentos clínicos*.

No consultório, todas as informações são úteis: os tons, os conteúdos e os sentidos das palavras, os gestos, as vestimentas, a pontualidade ou não da chegada à sessão. Não há significação prévia. É o *partilhante* quem realiza a *tradução* e revela a gravidade dessas informações. Isso pode ocorrer na colheita dos *dados divisórios*, na aplicação dos *enraizamentos*, na colheita da *historicidade* ou do *dado atualizado* etc. Para o *filósofo clínico* não há interpretação, mas compreensão.

Assim, a irritação, a falta de concentração, a dificuldade para manter o controle na dieta ou no uso de algum entorpecente, entre outros aspectos, não precisam respectivamente ser compreendidos como traços de personalidade, diagnóstico de transtorno de déficit de atenção e hiperatividade, compulsão alimentar ou recaída em algum vício. Há casos nos quais uma noite mal dormida (ou várias) inviabiliza funcionalidades da *estrutura de pensamento* a ponto de tirá-la do seu eixo em alguma medida. Mas, não é assim para todos.

Quanto às causas, também é preciso ter cautela. Há quem passe a noite em claro se tomar um "inocente" cafezinho no meio da tarde ou meia taça de vinho após o jantar. A exposição à luz do computador, da televisão ou do celular pode inibir a produção de melatonina e levar a pessoa à insônia. Às vezes, essa exposição leva a uma ansiedade. Em outros casos, a ansiedade precede o uso desses dispositivos. Mas, há quem possa cometer todos esses "pecados capitais" do sono e, ainda assim (ou até por isso), dormir bem.

O trabalho do *filósofo clínico* é pautado por pesquisas das *singularidades* com suas sutilezas e desdobramentos.

Lição 19
Idade não é critério

Quando pensamos na proposta da *filosofia clínica*, segundo a qual o *partilhante* é critério de si e para si na atividade clínica, consequentemente não podemos propor sequer parâmetros de maturidade ou de características de idade. A *estrutura de pensamento* é identificável ao longo da vida de qualquer pessoa. No entanto, não há parâmetros do que seria uma *estrutura de pensamento* infantil, adolescente, adulta ou idosa, menos ainda madura ou imatura. O mesmo princípio deve ser considerado em relação às suas partes, isto é, aos *tópicos*.

Tomemos para a reflexão o *tópico* da *estrutura de pensamento* denominado *emoções*. Trata-se de um *tópico* no qual reunimos as informações referentes aos dados afetivos: amor, ódio, alegria, tristeza, ansiedade, vergonha, coragem etc. Caso tomemos como *princípio de verdade* que fazer "pirraça" é próprio de crianças, quando uma pessoa adulta manifestar algo que possa ser definido com esse nome, diremos que ela apresenta um "comportamento infantil". Mas, qual é o critério, além do cultural, para elencarmos o que é próprio da infância ou de qualquer outra etapa da vida humana? Aliás, até a ideia de etapa é convencionada. A infância, por exemplo, passou por diversos *significados* ao longo da história.

Outra característica que pode surgir enquadrada nesses critérios é a paixão. Quando alguém se vê apaixonado, tende a se lembrar da adolescência. Mas, uma pessoa pode ter esse sentimento em qualquer época de sua vida. Desde os primeiros meses da infância até às vésperas de seu centenário. Quantas pessoas elaboram limites para suas emoções baseadas no que convém à sua idade? No entanto, o próprio fato de acender a chama de uma afetividade é indício de que tal *emoção* é possível àquele ser humano.

Outro aspecto a ser levado em conta é a visão de maturidade dos *tópicos* de uma *estrutura de pensamento*, de modo isolado. Não há um modelo de humano a partir do qual poderíamos mensurar o passo a passo do processo de amadurecimento observando seus *tópicos*. Isso se daria por incontáveis motivos.

A metodologia da *filosofia clínica* nos ajuda a compreender a *singularidade* da formação de cada *partilhante*. Uma das características fundamentais é a identificação de alguns *tópicos* determinantes frágeis ou até nulos em relação aos demais em uma *estrutura de pensamento*. No caso das *emoções*, alguém que não traga este *tópico* como constituinte ou predominante é reconhecido em sua característica inédita e o mesmo vale para quem possui ou não alguns dos demais *tópicos*.

Por isso, não é possível aferir a maturidade de um *o que acha de si mesmo*, *axiologia*, *como o mundo parece*, *epistemologia*, *expressividade* etc. entre si, isolado ou em relação aos outros. O critério da *singularidade* pode promover a emancipação de cada pessoa na medida em que não a enquadra em parâmetro ideal ou normativo. A constituição de cada *tópico* é o que é ou o que está sendo em relação aos demais – segundo sua dinâmica *autogênica*.

Quanto ao conteúdo exposto até aqui, importa ressaltar a independência do método da *filosofia clínica* em relação às opiniões de seus *filósofos*. Qualquer tentativa de construir critérios normativos para a compreensão dos *partilhantes* encontra no próprio método sua denúncia de inconsistência ou contradição. A novidade da *filosofia clínica* é sua revolucionária proposta de acolhimento e compreensão da *singularidade*. Se houver a negação da possibilidade de cada pessoa ser sujeito em sua história, não é *filosofia clínica*.

Lição 20
Retomar as bases

A ausência de tipologias exige atenção contínua aos singulares. O *filósofo clínico* não assume qualquer critério prévio para a compreensão do *partilhante* e, em consequência disso, não elabora diagnósticos. Mesmo assim, há riscos de construir critérios de identificação de *assuntos últimos* quase tipológicos na medida em que a repetição de alguns casos, por similitude, inclina o terapeuta a uma *intencionalidade dirigida,* tornando seu olhar tendencioso.

Por isso, é necessário ter como imposição de ofício os estudos permanentes. A ausência de contato com materiais escritos, cursos de aprofundamento e atualização, troca de experiências com colegas e a prática de consultório, podem gradativamente levar grandes profissionais à mediocridade. Isso pode levar alguns anos, mas em poucos meses, esse processo pode mostrar seus estragos.

Portanto, se o *filósofo clínico* pretende exercer seu *papel existencial* deve preparar-se para jamais deixar de ser um aprendiz. O discipulado nos estudos aguça o olhar de aprendizado no consultório e vice e versa em um processo de retroalimentação.

Os critérios para a escuta e acompanhamento da *historicidade,* a intimidade com as cinco *categorias,* os trinta *tópicos* da *estrutura de pensamento* e os trinta e dois *submodos* são fundamentais para identificar e organizar as informações na medida em que são colhidas no consultório. Para quem, por exemplo, não mantém a memória dos *tópicos* bem viva, pode esquecer o que menos aparece nos *partilhantes* a ponto de não identificar quando, finalmente aparecer, pois não será capaz de relacionar a informação colhida com o *tópico* correspondente.

O cuidador dedicado exclusivamente ao consultório, sem rever e atualizar o conteúdo dos estudos, pode cair em reducionismos metodológicos abraçando como identificação os *tópicos* com os quais ficou familiarizado e usar nos *procedimentos clínicos* apenas os *submodos* que conseguiu dominar. Possuindo um método plástico a ponto de adaptar-se à manifestação irrepetível de cada *partilhante*, contenta-se com a cômoda adequação ao pouco empenho em exercer com maestria seu *papel existencial*.

Por outro lado, o terapeuta pouco dedicado ao consultório e enfatiza os estudos, pode perder a finalidade da *filosofia clínica*: a prática. Ao se distanciar do exercício do cuidado dos *partilhantes*, os estudos podem inclinar-se para as elucubrações teóricas inconciliáveis com seu uso. Então, multiplicam-se construções antropológicas, sociológicas, teológicas, simbólicas, políticas etc. Ao querer construir teorias sem considerar o método sistematizado para a prática, o *filósofo clínico* torna-se um mau filósofo.

Aos *especialistas em filosofia clínica*, portadores do *Certificado B*, continuem suas pesquisas, mas jamais percam de vista a finalidade do método. Dialogar com colegas que lutam para manter a qualidade de seus trabalhos em consultório pode auxiliá-los a manterem os "pés no chão". Aos *filósofos clínicos*, que possuem o *Certificado A*, a *habilitação à clínica*, jamais percam o contato com as leituras, os cursos, as pesquisas e os diálogos com colegas. Para ambos, convido-os a publicarem o amadurecimento de seus trabalhos e estudos, suas inquietações e desafios do consultório, a divulgar essa jovem abordagem terapêutica para os possíveis *partilhantes* e os futuros estudiosos de nossa área na academia. Para isso, importa retomar as bases, estudar incessantemente, qualificar as leituras, cultivar a escrita, ensinar, frequentar aulas e seminários.

Lição 21
Sócrates e Protágoras

No processo de sistematização da *filosofia clínica*, Lúcio Packter promoveu o diálogo, quiçá uma síntese, entre Sócrates e Protágoras. Por isso, não podemos considerar nosso método terapêutico como mera "colcha de retalhos". Pois, não se trata de constituir uma teoria filosófica a respeito do homem, uma antropologia, ou algo análogo. Antes, propõe-se um modo de compreender o *partilhante* a partir de si, sem modelos ideais ou essenciais a respeito da natureza humana.

Sócrates, cuja voz na história da filosofia foi dada por seu discípulo, Platão, dialogava com quem encontrasse pelo caminho em Atenas. A maiêutica socrática – arte da parturiente, ofício exercido pela mãe do filósofo – consistia em trazer à luz o conhecimento presente nos seus interlocutores. As contradições eram expostas a fim de tornar claro aos integrantes do diálogo as inconsistências e, em seguida, promover o real conhecimento.

A máxima grega "conhece-te a ti mesmo", inscrita no templo em Delfos, torna-se a orientação de Sócrates rompendo com as investigações elaboradas pelos chamados pré-socráticos. Enquanto estes investigavam a "natureza" (physis) em busca do princípio (arché), ele, seguindo uma tendência inaugurada também pelos sofistas, torna o homem o centro das investigações. Na "Apologia de Sócrates", o personagem de Platão vai dizer que uma vida que não é examinada não vale a pena ser vivida.

Entre os célebres sofistas que auxiliaram a dar início à centralidade do homem nas considerações e reflexões, está

Protágoras. A afirmação dele segundo a qual "O homem é a medida de todas as coisas, pelas que são, enquanto são, pelas que não são, enquanto não são" ecoou por toda a história. Em todos os tempos, tem sido um ícone – para os críticos e os simpatizantes – do relativismo. Para Lúcio Packter, trata-se de um ponto de partida imprescindível para pensar a experiência subjetiva e encontrar meios para auxiliar uma *singularidade* em suas questões existenciais.

Nesse sentido, o trabalho de consultório não elabora teorias antropológicas, metafísicas, ontológicas, sociais, políticas ou qualquer outra. A *filosofia clínica* não questiona a objetividade, a verdade absoluta ou os modelos ideais sobre a vida, a felicidade ou o sentido da existência. A proposta elaborada por Packter consiste em compreender a complexa experiência de cada ser humano que procura os cuidados do *filósofo clínico* para encontrar meios a fim de auxiliá-los segundo suas próprias constituições históricas (*exames categoriais*), constitutivas (*estrutura de pensamento*) e interativas (*submodos*).

Sócrates traz à luz a perspectiva do autoconhecimento que, no caso de nosso método, nem sempre é pautado pela *epistemologia*. Protágoras auxilia o terapeuta a pensar cada pessoa com os modos subjetivos de percepção de si, dos outros e do mundo e sua força para influenciar ou determinar seu modo de vida. A atualização desse sofista em Schopenhauer, com a afirmação de que o mundo é uma representação de cada indivíduo, auxilia a compreender essa experiência.

Com isso, fica claro o quanto a *filosofia clínica* não é uma junção de teorias filosóficas contraditórias sem critérios. Sua proposta resulta em um método sistematizado, derivado da pesquisa desses autores com as investigações práticas do consultório e as demandas dos *partilhantes*.

Lição 22
Sem romantismos

Há um discurso sobre a *filosofia clínica* com uma característica mais poética. Trata-se de reflexões idealizadas do método, por vezes, repletas de *vice-conceitos*. Daí, o rigor perder espaço para proposições romantizadas, cada vez mais afastadas da experiência concreta e rigorosa do cotidiano do consultório – nem sempre constituídas de romantismo. Então, pode-se confundir o discurso "bonito" sobre a clínica filosófica com sua prática. Chega-se, desse modo, ao *termo equívoco* sobre nossa área terapêutica.

O estudante de *filosofia clínica* aprende desde o início de sua formação que esse método visa conduzir a um *bem--estar subjetivo*. Esta finalidade traz como proposta intrínseca a consideração da *singularidade*. Por ser única, cada pessoa é tomada como critério para si a fim de viabilizar o que será considerado seu *bem-estar*. Pode se tratar de viver sem conflitos, repleto de tensões, alegre, sério, sofrendo pelo próximo, gozando a partir dos próprios princípios, enfim, algo a ser alcançado de acordo com a característica do *partilhante*.

Outro aprendizado inicial se concentra em evitar, ao máximo, tocar ou aprofundar em pontos de dor do *partilhante*. A *filosofia clínica* é comumente considerada uma terapia leve por não pressupor a ideia de que um ponto de dor deva ser reincidentemente tocado a fim de levar o indivíduo à "cura". Sem considerações sobre doença e cura, o caminho do *filósofo clínico* é o de lidar com o *assunto último*. Em algumas situações, os procedimentos serão leves e as questões trabalhadas sem inquietações em tempo próprio para o indivíduo. Em outras, pode haver dor, conflitos, resistências etc. Não por caminhos pré-estabelecidos, mas de acordo com as demandas de cada *estrutura de pensamento*. As variações são tantas quantas são as pessoas.

A leveza de uma *construção compartilhada* pode ser almejada. Mas, a complexidade da *singularidade* de um *partilhante* não permite a previsão de total ausência de dor. Mudar pode ser difícil. O costume com um *padrão autogênico* ou o *tempo* próprio para *autogenias* pode gerar dificuldades para migrar para uma situação subjetivamente melhor. Há inúmeras questões habitando em cada *tópico* de uma *estrutura de pensamento* e as desconstruções e reconstruções nem sempre ocorrem de modo fluido.

Utilizar os *submodos* com acerto e precisão é possível na medida em que o *filósofo clínico* possui intimidade com seu método. Ninguém é isento de erros. Mas, por experiência, afirmo que o tempo auxilia o terapeuta a errar menos e a se corrigir cada vez mais rápido. Quanto mais experiente e estudioso for o cuidador, mais o *partilhante* poderá colher os benefícios ao longo das sessões.

Os discursos românticos e repletos de poesia sobre a *filosofia clínica* são, às vezes, proporcionais à pouca experiência e frequência nos trabalhos de consultório. A prática deficitária pode gerar palestrantes sobre teorias carregadas de manifestações sobre a *estrutura de pensamento* do orador. Tais manifestações podem basear a prática em seu teórico favorito, defendendo a relação entre cuidador e *partilhante* com fundamentos religiosos, filosóficos, sociais ou expressando o desejo de atuação do terapeuta nas suas preferências políticas.

Não se identifica o *filósofo clínico* por suas palavras poéticas, pelo seu jeito manso de falar, por suas inclinações (inter)religiosas ou opções políticas. A *filosofia clínica* resguarda a *singularidade* quanto menos inclinações pessoais de seus *filósofos* ela tiver no exercício de sua função. Os bons terapeutas que conheço são capazes de, ao assumir seu *papel existencial*, atender a *partilhantes* dos quais, em sua experiência existencial, teriam tantos pontos de divergência que dificilmente seriam amigos.

Lição 23
Desafios da suspensão de juízo

Uma das características do trabalho do *filósofo clínico* é o de adotar a *postura fenomenológica* para compreender o *partilhante* sem realizar interpretações. O terapeuta realiza uma *hermenêutica compreensiva*. Assim, colhe as informações da pessoa e busca através dela esclarecer os eventuais *termos equívocos* ou *discursos incompletos*. Mas, há outro desafio para quem se dedica ao nosso método terapêutico que é o de suspender juízo.

Os *pré-juízos* do *filósofo clínico* fazem parte de sua *estrutura de pensamento* e, caso sejam determinantes, pautam a vivência, as decisões, o modo como interpreta o mundo, as relações etc. Mas, alguns cuidadores tornam suas verdades subjetivas anúncios para divulgação de seus trabalhos no consultório. Qual o problema disso? Anunciam *pré-juízos* que, nem sempre, contemplam os *pré-juízos* (ou o conteúdo de outros *tópicos*) dos possíveis *partilhantes*. Às vezes, podem gerar afrontas, distanciamentos, inquietudes etc.

Algumas afirmações que já ouvi ou li na divulgação de colegas: (1) "Portas antigas não levam a novos caminhos", (2) "Se onde você está o incomoda, é hora de mudar de lugar", (3) "Tome a direção de sua vida com a terapia" e (4) "Faça terapia e alcance seus objetivos". Essas são algumas entre inúmeras outras propostas – faço questão de omitir algumas absurdas – que já vi. Mas, quais seriam os problemas de pensar a *filosofia clínica* ou anunciá-la para viabilizar essas propostas?

(1) Valendo-nos do *vice-conceito*, há portas antigas capazes de causar grandes *autogenias*. As portas e a pessoa que por ela passa não necessariamente são as mesmas; e se fossem, ainda haveria chances de lançá-las para novos caminhos. (2) O incômodo de um lugar não é automaticamente sinal de que o *padrão autogênico* pede por outras paragens. Há quem precise mudar para permanecer onde está, pois ali é seu lugar. (3) A terapia é potencialmente um grande remédio e pode auxiliar a direcionar a vida. Mas, há pessoas para as quais o acompanhamento de um profissional pode levá-la a movimentar questões com grande probabilidade de conduzi-la a um abismo. O remédio pode tornar-se veneno para organismos sensíveis aos princípios ativos. (4) A terapia não é uma panaceia. Por fim, quanto aos objetivos, algumas *buscas* precisam manter-se como *paixão dominante* ideal, jamais chegando *em direção ao desfecho*.

Portanto, não há fórmulas nem caminhos pré-determinados para a realização do trabalho de um *filósofo clínico*. As demandas são *singulares* e isso implica a complexidade da *historicidade*, da *interseção* do *partilhante* com o terapeuta, da constituição da *estrutura de pensamento* e de outros incontáveis pontos a serem considerados. A *filosofia clínica* é um método de auxílio para que cada pessoa viabilize sua qualidade de vida. Esta afirmação só vale no sentido mais genérico possível. Pois, não há um critério objetivo ou normativo diante dessa definição de "qualidade de vida".

As limitações sobre as definições a respeito do alcance da terapia, de suas finalidades e de quais são as aplicações deve manter o cuidador atento ao desejo que promove ao anunciar seu trabalho. Ao *agendar* uma esperança em forma de *busca* sem saber se é possível realizá-la ou até se é compatível com a *estrutura de pensamento* do *partilhante*, o terapeuta pode gerar frustração. O jeito é suspender o juízo e acolher as demandas individuais.

Lição 24
O teórico, o sem estudo e o que desvirtua

A *filosofia clínica* é um método terapêutico e seu vasto conteúdo continua a ser aprofundado e ampliado. Mas, há quem cometa equívocos ao explorá-lo. Por um lado, alguns teóricos buscam fundamentações baseando-se em noções sem acréscimos substanciais para a compreensão da própria área e, menos ainda, para a prática do terapeuta. Por outro, há aqueles que se dedicam ao atendimento, mas carecem do cultivo dos estudos filosóficos ou da produção a respeito desses estudos e dos desdobramentos das reflexões sobre seu trabalho de consultório.

Há ainda um terceiro exemplo: aqueles que, pouco familiarizados com a *filosofia clínica*, mesmo atendendo, não conseguem falar daquilo que lhe é próprio e resolvem falar de conteúdos secundários, temas paralelos, preferências de seus *pré-juízos*, não acrescentando e, às vezes, prejudicando a compreensão do que é próprio do método. Esse grupo pode depor indiretamente contra essa abordagem por fazer os estudantes pensarem se tratar de *filosofia clínica* quando, na verdade, está longe de ser.

Quanto aos teóricos mencionados, há o risco de quererem construir uma tese a respeito do ser humano, uma universalização antropológica de natureza pseudo-filosófica. Quando se perde a perspectiva da *filosofia clínica* como um método terapêutico de compreensão e interação com o outro, a partir dele, começa-se a pensar essa pessoa a partir dos *pré-juízos*, de *como o mundo parece*, da *axiologia*, enfim, da própria *estrutura de pensamento* já não mais fundamentado no outro. Constrói-se, assim, uma noção possivelmente filosófica.

Em relação aos *filósofos clínicos*, pode-se levar em conta que a experiência de consultório é, por si, uma experiência fundamental para o desenvolvimento do *papel existencial* do cuidador. Todavia, a leitura, tanto da literatura e, em especial, da filosofia abre perspectivas. Um terapeuta precisa de horizontes abertos para a percepção da *singularidade*, sob o risco de construir padrões, tipos, modelos etc. que depõe contra a proposta de sua clínica filosófica.

Quanto ao terceiro, há o risco de afetar o próprio trabalho como cuidador, além de distorcer a proposta para o aluno ou interessados de outras áreas. A obtenção da *habilitação à clínica* é um passo, não uma carta de liberação da atenção à formação continuada e ao que é próprio da área. Mistura-se *filosofia clínica* com noções de outros âmbitos como espiritualidade e ativismo político ou social. Não é questão do profissional não ter suas convicções, afinal carregamos em nossas *singularidades*, uma *estrutura de pensamento* com preferências e verdades subjetivas. Mas, a questão é perder de vista que nossas inclinações não definem nosso método, haja vista que ele nos serve para compreender o outro e, para viabilizar isso, segundo nossa abordagem, é necessário considerar a *postura fenomenológica* para buscarmos a *representação de mundo* de quem nos procura.

Lição 25
O rigor conceitual

A *filosofia clínica*, assim como todo construto filosófico, possui seu próprio corpo conceitual. Além dos cinco termos utilizados nos *exames categoriais*, os trinta presentes na *estrutura de pensamento* e os trinta e dois dos *submodos*, há outros. O uso indiscriminado e desatento de outros termos não constituintes desse novo método pode inclinar o leitor, o ouvinte ou o próprio estudioso para distorções metodológicas.

Por exemplo, há apenas dois termos centrais para designar quem atende e quem é atendido no consultório: *filósofo clínico* e *partilhante*. No entanto, é possível chamarmos o primeiro de cuidador ou terapeuta. Quanto ao segundo, podemos chamá-lo de pessoa, indivíduo, sujeito etc. Ocorre que o uso das alternativas pode auxiliar literariamente o apontamento de quem atende ou é atendido a fim de não repetir os vocábulos próprios continuamente; ao mesmo tempo, pode levar o leitor a remeter o uso ao sentido utilizado em outros âmbitos.

Os termos utilizados acima – a saber: pessoa, indivíduo e sujeito – possuem uma longa tradição de uso pelos filósofos no decorrer da história. Portanto, seus sentidos poderão ser carregados de pressupostos nem sempre condizentes com o uso realizado nas explicações a respeito da *filosofia clínica*.

Até mesmo o uso dos termos apropriados pela *filosofia clínica* a partir das leituras realizadas por Lúcio Packter da tradição filosófica, foram adaptados ao novo paradigma. Por isso, o sentido precisa ser esclarecido em seu uso. Além das tradicionais, Packter também utilizou palavras e expressões cotidianas – como *o que acha de si mesmo* – que, dentro do escopo do método, foram ressignificadas a fim de esclarecer a própria proposta da abordagem.

O uso dos termos supramencionados, de fora do corpo conceitual da *filosofia clínica*, é viável. Porém, é necessário levar em conta o significado com o qual é utilizado. Neste caso, trata-se de referências ao *partilhante* ou ao *filósofo clínico* com o sentido de uso cotidiano. Não se está afirmando, por exemplo, o "sujeito" no sentido dado por Kant ou pelos pós-kantianos. Trata-se apenas da referência a alguém: o *partilhante*.

Nesses momentos, o rigor de uma formação filosófica pode vir em auxílio do *filósofo clínico* ao expor suas reflexões por escrito ou oralmente. O cuidado no uso de cada palavra por parte dos filósofos ao longo da história nos mostra o quanto a clareza pode ser fundamental para a exposição de uma ideia, tese, dúvida ou explicação.

Um risco ao qual o expositor se coloca é o de, ao utilizar as terminologias não pertencentes à *filosofia clínica*, recair em explicações inconsistentes e desvirtuar a compreensão do próprio método. Há um rigor no uso das palavras que constroem o arcabouço do método. Prezar por essa precisão e clareza conceitual é o gesto filosófico mais adequado para resguardar esse novo paradigma tão ameaçado por seus entendedores, tantas vezes, rasos e pouco cuidadosos.

Lição 26
A navalha de Ockham

A *filosofia clínica* pode surpreender por sua aparente simplicidade teórica e paradoxal complexidade prática. Estruturalmente, ela possui uma construção de compreensão relativamente fácil. Suas cinco *categorias,* trinta *tópicos* e trinta e dois *submodos* são como um alfabeto a partir do qual ocorre a *construção compartilhada* da clínica em seus textos, contextos e pretextos. O uso desses elementos, em diálogo, aproximação, repulsa, fusão etc. permite ao *filósofo clínico* compreender o indivíduo.

Os aprofundamentos teóricos e práticos desse método revolucionário no mundo das terapias estão apenas no início. Contudo, é necessário ter cuidado para os desdobramentos do método não se tornarem um grande construto teórico distante da simplicidade de sua constituição originária. Lembrando-se de ver essa simplicidade como porta para o alcance da complexa *singularidade* de cada *partilhante.*

Em oposição a toda tentativa de construir um desdobramento da *filosofia clínica em direção às ideias complexas,* no qual as *abstrações* gradativamente afastam o terapeuta de sua matéria prima que é a *historicidade* do *partilhante,* talvez seja útil recorrer à "Navalha de Ockham" segundo a qual "Entia non sunt multiplicanda praeter necessitatem", ou seja, não se deve multiplicar os entes se não for necessário ou além do necessário.

A tese de Guilherme de Ockham era antiplatônica. Com a afirmação mencionada, o filósofo medieval pretendia se opor à construção de um mundo ideal de essências pensado por Platão e também presente em noções platônicas contidas na filosofia aristotélica. Para Ockham, não era necessário ir além dos próprios indivíduos.

Analogamente, qualquer desdobramento da *filosofia clínica* de fundo platônico, isto é, com desdobramentos *abstratos, em direção às ideias complexas,* deve ser visto com cuidado. Pois, talvez seja possível trabalhar esse desdobrar com a simplicidade do método de base, sem multiplicar as teorias desnecessariamente.

Em alguns casos, nas *abstrações,* os *vice-conceitos* podem gerar *termos equívocos.* Tais termos atraem quem, por meio do *significado,* trabalha a recepção das reflexões reforçando seus próprios *pré-juízos.* Assim, a abertura à *singularidade* pode desviar de seu rumo e construir uma afirmação dos *pré-juízos,* de *como o mundo parece* entre outros aspectos de cada terapeuta, voltado para a anulação da suspensão de juízo tão cara à compreensão, via *recíproca de inversão,* do outro no consultório.

Às vezes, a *filosofia clínica* precisa ser protegida até de seus *filósofos clínicos.* Pois a tentação do platonismo, de respostas ideais, de universalizar caminhos, de hierarquizar o trabalho de consultório e a compreensão do que ocorre com o *partilhante* pode levar à perda da maior contribuição do método: a *singularidade.* Sem esta, que talvez seja o maior *pré-juízo* pressuposto de um *filósofo clínico,* a clínica filosófica deixa de ser um novo paradigma e torna-se mais uma tentativa de pensar as terapias.

Lição 27
Possibilidades inesgotáveis

A *filosofia clínica* passa por um dilema em alguns momentos. Por ser uma abordagem terapêutica cuja realização máxima é a prática, os ensinamentos a respeito de seus procedimentos também precisam de uma elucidação relacionada à sua praticidade. No entanto, há o risco dos estudantes tomarem os exemplos da aplicação e torná-los regra – engessando a prática – para o consultório. Portanto, exemplificar sem tornar esses casos uma regra é o desafio do ensino.

Um dos desafios está na aplicação dos *submodos*. Os *submodos* são formas cujo conteúdo é fornecido pelo *partilhante*. Ao mesmo tempo, alguns desses recursos submodais possuem palavras de fácil uso e isso pode fazer o estudante – e, em alguns casos, o experimentado – na prática da clínica filosófica adotar tais procedimentos como padrões de sua atuação terapêutica.

Os exemplos de aplicação dos *submodos* são recursos facilitadores da assimilação para algumas pessoas. São meios de tornar os *procedimentos clínicos* visíveis ou imagináveis. Até aqui, trata-se de um recurso didático eficaz em muitos casos. No entanto, deixa o aprendiz inclinado a pensar seu uso a partir do exemplo, excluindo a *singularidade*, a especificidade, daquele que a recebe.

Em outras palavras, um dos riscos consiste em comparar a proximidade dos casos dados nos exemplos – muitas vezes, escritos em livros, anotações ou aulas gravadas – e concluir que tal semelhança nas questões a serem trabalhadas merece igual procedimento para sua resolução. Então, a ênfase dada à *singularidade* é preterida diante de uma forçada e inconsistente comparação.

Assim, o *procedimento clínico* passa a se tornar refém das estatísticas de consultório, da padronização de uso dos *submodos* para casos com proximidade de relatos dos *assuntos últimos*. Com isso, a *filosofia clínica* torna-se um paradigma destituído de sua contribuição para o mundo das terapias: a *singularidade*. Sua riqueza metodológica cede seu lugar para a confortável posição de um estatístico de consultório.

Por outro lado, quando o estudante aprende e pratica a *filosofia clínica* em sua radicalidade, considera continuamente tais exemplos como possibilidades e a *singularidade* como parâmetro de uso inédito dos *submodos* em seus *procedimentos clínicos*. Assim, as elucidações servem como lembrete de que o exemplo é recurso ilustrativo diante de uma infinidade de aplicações.

O *filósofo clínico* minimamente experimentado também corre o risco de perder a perspectiva do inédito ocorrendo com o *partilhante* em cada nova consulta. Por isso, precisa relembrar dos exemplos das consultas pretéritas a fim de constatar o quão diferentes foram as *historicidades*, os referenciais de mundo nos *exames categoriais*, as nuances das *estruturas de pensamento* e as particularidades dos *submodos informais* utilizados por cada *partilhante*.

Lição 28
A perda das raízes

A *filosofia clínica* proposta em meados dos anos 1990 traz uma mensagem libertária. A noção de *singularidade* torna o *partilhante* a fonte principal de informação para o trabalho do terapeuta. Rompe-se com parâmetros a priori de conduta clínica. Os pressupostos metodológicos do *filósofo clínico* são formas vazias que servem para organizar a compreensão do conteúdo fornecido pelo *partilhante*.

A novidade de tal proposta é simples em sua fórmula, mas nem sempre assimilável por seus estudantes e especialistas. Uma das tentações do *filósofo clínico* é justamente colocar seus pressupostos pessoais na clínica. Não os que ajudam a praticar o método, mas aqueles cujo conteúdo contamina a novidade da clínica filosófica.

Desse modo, as inclinações religiosas tornam-se parte dos ensinamentos da *filosofia clínica*. Outros, amantes de filosofias específicas, tornam toda a clínica filosófica uma derivação de uma expressão teórica. Há ainda quem coloque as finalidades de suas noções de resolução como os fins da terapia, como se todas as pessoas precisassem daquele caminho para suas vidas.

Resguardar o método independe de quem esteja defendendo sua pseudo-evolução. A *filosofia clínica* porta uma mensagem libertária e iconoclasta inquietante; ela é dotada de uma proposta desafiadora que consiste em manter o terapeuta aberto ao novo o tempo todo na clínica; isso pode gerar resistências de aceitação. Os confortos dos *pré-juízos* pessoais, numa tentativa hercúlea de construção de equivalências com o construto do método, pairam sobre ela desde o início.

Isso não significa que a *filosofia clínica* não esteja aberta a desenvolvimentos. Todavia, os desdobramentos aos quais ela se sujeita são mais proveitosos quanto mais estiverem coerentes com a proposta originária. Os aprofundamentos permanecem necessários tanto para a prática de consultório quanto para sua reflexão de fundamentação teórica.

Talvez, para um aprofundamento contínuo e coerente, o pressuposto fundamental da *singularidade* precisa ser considerado como guia de pesquisa. Nesse sentido, qualquer descrição histórica ou circunstancial que não tenha surgido no relato do próprio *partilhante*, via *exames categoriais*, mesmo as mais elaboradas, não são da clínica filosófica. Toda noção de *estrutura de pensamento* que não tenha sido colhida da fala do *partilhante* e organizada em *tópicos*, pode consistir numa excelente reflexão, mas não será uma ação coerente de um *filósofo clínico*.

Também, as afirmações sobre a *autogenia* que não tiverem somente no *partilhante* seus referenciais de *exames categoriais*, *estrutura de pensamento* e *submodos*, mas propostas externas de "tipos" de *padrões autogênicos*, com seus "patamares" e "densidades" tornam-se formas de psicologia, teologia ou pseudofilosofia, só que em seu sentido mais pobre.

Por causa de alguns de seus próprios praticantes e teóricos, a *filosofia clínica* está sempre em risco. Principalmente, quando seu principal pressuposto dá lugar a novidades tipologizantes, com propostas disfarçadas de evolução do método quando, no fundo, são outros modos de imposição de padrões de normalidade e patologia, resultando na perda irreparável da *singularidade*.

Lição 29
A tipologia e a singularidade

No consultório do *filósofo clínico*, aparecem mães preocupadas com seus filhos. Algumas delas querem saber se eles são normais; se vão alcançar os mesmos desenvolvimentos dos outros; se não estão entre aquele grupo de crianças, adolescentes ou jovens com "deficiência". São questões costumeiras em alguns consultórios. Mas, o terapeuta enxerga esses pontos por outras perspectivas.

Para a *filosofia clínica*, cada pessoa que procura a terapia é o próprio parâmetro a partir do qual o trabalho se realizará. Noções de normalidade, seja a partir de comparações convencionalmente aceitas, seja aquelas propostas através dos resultados momentâneos de alguma ciência empírica, não são tomadas como base. Defender um critério normativo, equivale a dizer que há um parâmetro externo, objetivo, convencionado e até ideal, ao qual o ser humano deve se enquadrar.

Quando os pais se deparam com um diagnóstico a respeito de seus filhos, apontando uma suposta limitação, síndrome ou equivalentes, podem ficar abalados. Então, em alguns casos, a relação com a criança muda. A criança e os pais não são vistos do mesmo modo após a sentença diagnóstica apresentada por um profissional. Em algumas situações, basta dar um nome a um comportamento, enquadrá-lo em uma tipologia, para o olhar cuidador passar um sofrimento, uma condenação.

Passam a chamar de especial aquela pessoa portadora do diagnóstico. Um eufemismo para deficiência. Mas, deficiência de quê? Daquilo que não a torna (perfeita?) como as outras crianças, adolescentes ou adultos? Os cuidados, antes dos diagnósticos, com grandes efeitos, passam a ser redobrados, triplicados, acrescidos de preocupações sobre o futuro daquele ser humano e os riscos aos quais pode se expor.

O *filósofo clínico* não ignora características menos observadas ou presentes no cotidiano. Mas, seu olhar para a *singularidade* abarca a consideração a respeito das diferenças de cada pessoa em relação às outras. Não é questão de excluir ou incluir. Trata-se de considerar todos como únicos.

Nesse caso, é claro que alguns precisam de cuidados específicos – de certo modo, isso deveria se aplicar a toda pessoa, dada sua *singularidade*. Mas, não por sua "deficiência". E sim pelo fato de suas características demandarem acolhimentos e determinadas ações direcionados às suas necessidades.

Esse talvez fosse o "mundo ideal" de um *filósofo clínico*. Mesmo assim, a *filosofia clínica* tem muito a contribuir ao olhar para além dos princípios normativos da saúde mental e suas listas de diagnósticos. As tipologias tendem a engessar os procedimentos, a forçar enquadramentos, a reduzir a pessoa a uma lista de sintomas.

Ao fomentar o olhar para a *singularidade*, cada indivíduo pode se tornar gradativamente parâmetro para si mesmo, tanto da compreensão de quem ele é, quanto dos caminhos possíveis para auxiliá-lo em suas demandas. Assim, todo pai e mãe saberia acolher seus filhos que, independentemente do diagnóstico, são únicos e, por isso, especiais.

Lição 30
A perplexidade da clínica

Em tese, há etapas claras na clínica filosófica. Iniciando pelo *assunto imediato*, no qual o *filósofo clínico* ouve o que levou a pessoa a procurar a terapia. Em seguida, ele faz a colheita da *historicidade*, onde a pessoa expõe sua *história de vida* desde as primeiras lembranças até os dias atuais. Enquanto ouve o relato do *partilhante*, o terapeuta realiza os *exames categoriais*, a montagem da *estrutura de pensamento*, a identificação dos *submodos informais*, criando espaço para aparecer o *assunto último*. Encontrando a questão a ser trabalhada, o *planejamento clínico* é pensado a fim de se realizar os *procedimentos clínicos* necessários.

Isso pode soar como se o *filósofo clínico* soubesse o que deve ser feito em todos os momentos, desde a acolhida de seu *partilhante* até os passos finais que precedem a *alta compartilhada*. No entanto, lidar com os ditames da *singularidade* possui suas complexidades. Afinal, se cada pessoa é inigualável, única, os atendimentos e os passos da clínica também são continuamente inéditos. Tal realidade do consultório requer habilidade, plasticidade, capacidade para se adaptar ao novo.

O *filósofo clínico* cuida para saber qual é o *assunto último*. Não necessariamente vai ser um. Pode ocorrer de haver alguns *assuntos últimos* devido à riqueza de elementos contidos na *estrutura de pensamento* de um *partilhante* ou por outras razões. Por isso, o terapeuta deve cuidar para reconhecer a trama relacional dos *tópicos*, isto é, fazer uma análise de *estrutura de pensamento* e buscar clareza a respeito do funcionamento existencial da pessoa, ou seja, sua *autogenia*.

O *planejamento clínico* não é como uma fórmula matemática que, bastando aplicá-la para a situação ou problema a qual é destinada, obtém-se o resultado claramente esperado. A clínica do *filósofo* é aberta às complexidades e, sobretudo, às *singularidades* de cada momento. Ele realiza o método no qual foi formado, encontra as questões e os meios de trabalhá-la. Ao mesmo tempo, torna-se apto a intervir com os *submodos* necessários diante de situações pouco ou nada previstas em uma sessão, mesmo quando essas intervenções não foram anteriormente planejadas.

Por isso, o *filósofo clínico* procura fluência no reconhecimento e, especialmente, na aplicação dos trinta e dois *submodos* e suas combinações. Cada encontro pode exigir do terapeuta o exercício de procedimentos pouco previstos no *planejamento clínico*. Planejar a clínica no sentido de procurar saber o que fazer na próxima sessão é uma atividade bem-vinda e necessária. Todavia, o engessamento em tal preparação pode deixar o cuidador incapaz de agir diante da mudança de um relato ou problema de uma sessão à outra.

Diante disso, a *filosofia clínica* exige de seus praticantes uma plasticidade. Adaptar-se ao *partilhante* em seu processo *autogênico* é um exercício filosófico por excelência. Equivale a "thaumazein" (do grego θαυμάζειν): a admiração, a perplexidade, o assombro. O *filósofo clínico* não está no conforto de um saber-poder, mas na inquietação da postura de um saber aprendiz em contínua desconstrução de convicções. Em outras palavras, ele é, de fato, um filósofo.

Lição 31
Historicidades singulares

A fonte de informações utilizada pelo *filósofo clínico* é a *historicidade*. Não se trata de saber a historiografia do *partilhante* como relatos de parentes, amigos ou vizinhos. Trata-se do relato da vivência do *partilhante*. É a experiência singular de uma existência. Por meio da qual se obtém as informações acerca do mundo dessa pessoa, via *exames categoriais*, sua constituição, na *estrutura de pensamento*, e seu modo de ser, pelos *submodos*.

Inicialmente, a ideia de se colher uma *história de vida* passa por etapas. Há uma primeira versão, com saltos temporais e lógicos. Em seguida, realiza-se o preenchimento dessas lacunas por meio da obtenção de informações via *dados divisórios*. Por fim, faz-se, quando necessário, *enraizamentos*. Com isso, a intenção é ter uma história linear aproximadamente, com os espaços preenchidos e com informações aprofundadas em alguns âmbitos.

O pressuposto segundo o qual os *partilhantes* possuem uma *historicidade* abre espaço para colher seu relato. No entanto, esperar uma linearidade dessa *história de vida* pode ser uma imposição externa prejudicial. Em outras palavras, supõe-se que nas condições de existência haja uma narrativa existencial, mas nem todos a vivenciam ou conseguem apresentá-la de modo linear.

Diante disso, é necessário abrir-se à possibilidade de obter informações do *partilhante* por meio de relatos temáticos. Algumas pessoas podem apresentar sua vida por assuntos pontuais e, a partir destes, relatar os momentos de sua vivência. Por exemplo, falar sobre a *interseção* com alguns familiares no decorrer de sua narrativa existencial. Um longo relato onde a *categoria relação* pode mostrar a presença de *emoções, axiologia, o que acha de si mesmo* e quaisquer outros *tópicos* e *submodos* presentes nas *interseções*.

Também é possível encontrar *historicidades* vivenciadas em blocos de tempo, como se as relações entre os blocos anterior e posterior não encontrassem sentido de continuidade. Inclusive, há casos em que a *historicidade* é um quebra-cabeça cuja ordenação é inviável tanto para o *partilhante* quanto para o *filósofo clínico*.

Nenhuma das variáveis apresentadas e inúmeras outras possíveis é motivo para desespero do *filósofo clínico*. A *singularidade* ocorre até na aplicação do método. As três etapas da terapia – *exames categoriais, estrutura de pensamento* e *submodos* – estão abertas à plasticidade da *interseção* estabelecida com o *partilhante*.

Aliás, o método dessa abordagem terapêutica paradigmática no mundo das terapias resguarda essa adaptação a cada pessoa. Prova disso ocorre em casos pouco presentes no cotidiano do consultório, encontrados em locais onde os "*raciocínios desestruturados*" – ou melhor, as *lógicas do improvável* e *dos excessos* – e as *esteticidades brutas* são frequentes. Trata-se do trabalho da *filosofia clínica* em hospitais psiquiátricos, nos quais os *partilhantes* são compreendidos, por vezes, sem a base da *historicidade*. Os frutos de tais iniciativas mantêm viva a abrangência das pessoas alcançadas pela *filosofia clínica* devido à plasticidade de sua constituição metodológica; algo desconsiderado nos primeiros escritos de Packter, mas desenvolvido por seus ex-alunos.

Lição 32
Manifesto de uma visão de mundo

No dia 21 de fevereiro de 1848, Karl Marx e Friedrich Engels publicaram o "Manifesto do Partido Comunista". Um texto panfletário que, tal como textos mais populares como "Resposta à pergunta: o que é esclarecimento", de Kant, e "O existencialismo é um humanismo", de Sartre, talvez fossem mais lidos e difundidos do que as grandes obras de seus respectivos autores, pelo menos pelo público não especializado.

No "Manifesto do Partido Comunista", os autores abrem a reflexão com a seguinte afirmação: "A história de todas as sociedades até hoje existentes é a história das lutas de classes". Uma leitura a partir da *filosofia clínica* viabiliza a compreensão de um dos aspectos da *estrutura de pensamento* desses pensadores e lança luz sobre o próprio método.

Podemos dividir as pesquisas iniciais de Lúcio Packter em dois âmbitos. Paralelo aos atendimentos, Packter leu os filósofos para pensar os pressupostos da *filosofia clínica*, ao mesmo tempo, fez uma leitura filosófico-clínica dos mesmos.

Autores como Schopenhauer e Foucault auxiliaram, por exemplo, na compreensão de que cada pessoa tem uma *representação de mundo* e revelou o caráter por vezes político da noção de loucura.

Ao mesmo tempo, outras dezenas de filósofos tornaram-se exemplares de determinadas compreensões de elementos que potencialmente habitam a alma humana. Desse modo, Lúcio encontrou nesses pensadores exemplos de como alguns *tópicos* determinantes constituem a base a partir das quais o filósofo constrói todo o seu pensamento. Nesse sentido, um dos *tópicos* determinantes em Marx é *como o mundo parece.*

A partir da noção de um mundo marcado pela luta de classes, Karl Marx desenvolveu todo o seu pensamento. Mas, para o autor de "O Capital", o *abstrato* não predomina, ele é uma das etapas. Daí suas críticas a Ludwig Feuerbach que, na obra "A essência do cristianismo", não compreendeu "a importância da atividade revolucionária, da atividade crítico-prática".

O que faltou a Feuerbach, segundo Marx, foi a prática, foi ir *em direção ao desfecho.* Por isso, na décima primeira, e última, de suas "Teses sobre Feuerbach", escreve: "Os filósofos limitaram-se a interpretar o mundo de modos diferentes; o que importa, porém, é transformá-lo". Para Marx, não se deve contentar com o *significado* (interpretar) da *categoria circunstância* (mundo), é necessário ir *em direção ao desfecho* para viabilizar a *busca* e mudá-la. O *abstrato* (teoria) e *sensorial* (ação concreta) deveriam caminhar juntos a fim de revolucionar *como o mundo parece.*

O primeiro *tópico* da *estrutura de pensamento* nasce da escuta dos atendimentos e das leituras de filósofos de todos os tempos. Diversos filósofos o apresentaram. Porém, como cada visão de mundo aparecia de modo único, os filósofos foram retirados dessa referência à manifestação *tópica* e foi deixado somente o *como o mundo parece* formalmente apresentado a fim de ser preenchido pelo conteúdo de cada *partilhante.* Trata-se de formas vazias a serem ou não preenchidas pelas informações colhidas pelo *filósofo clínico* durante os atendimentos.

Lição 33
Das partes ao todo

A *filosofia clínica* é dotada de um método capaz de descrever as partes constituintes da experiência humana. Não no sentido de esgotá-la. Antes, ela dá nomes para compreender esse todo chamado existência. Uma totalidade descrita e alcançada por aproximação do início ao fim da clínica. Ela abarca desde a constituição interna da pessoa (*estrutura de pensamento*), sua localização existencial (*exames categoriais*) e sua interação interna e externa (*submodos*) nesses âmbitos.

Por isso, refletir sobre *padrões autogênicos* somente faz sentido quando são desdobramentos de uma análise constituída pelas três etapas supramencionadas. O todo não pode sobrepor ou suprir a investigação das partes. As cinco *categorias*, os trinta *tópicos* e os trinta e dois *submodos* constituem a riqueza de possibilidades para o entendimento do outro. Ainda não foi necessário sugerir, por exemplo, outro *tópico* a fim de esgotar tais possibilidades.

A razão disso não está em uma suposta ou possível soberba metodológica. Mas, na simplicidade, formalidade e abrangência de tais elementos constituintes das três etapas. Valendo-nos de Aristóteles, podemos dizer que a *filosofia clínica* trabalha com um método aberto às potências da alma humana e sua realização, elas em ato, é o que aparece no consultório, a resultante de uma *história de vida*, da manifestação de uma *singularidade* em processo.

Ao pensar nas três colunas fundamentais da *filosofia clínica* e suas partes, podemos recorrer à noção dos atomistas gregos. O *filósofo clínico* colhe o relato, cada *tópico*, *categoria* e *submodo* é um átomo. A estrutura complexa é a resultante dessa construção feita, passo a passo, pelas partes. Por fim, alcança a noção do todo. No entanto, a modificação é possível quando se compreende a relação de cada uma das partes nesse complexo existencial: o *padrão autogênico*.

A identificação do *padrão autogênico* é fruto de uma atenta escuta fenomenológica. É necessário pensar a pessoa (*estrutura de pensamento*) no mundo (*exames categoriais*) e os meios (*submodos*) para trabalhar com suas questões. Todavia, sem uma compreensão das partes, corre-se o risco de modificar macroestruturas sem a noção do quanto isso afeta cada "átomo" dessa existência. Inclusive, o *tópico autogenia* compreende, no mínimo, a relação entre os *tópicos* da *estrutura de pensamento*. E o parâmetro para a identificação do *padrão autogênico* – envolvendo o conjunto de informações colhidas nas três etapas – deve ocorrer única e exclusivamente a partir do *partilhante*, levando em conta sua *singularidade*.

O *filósofo clínico* capaz de ver as partes, conta com a possibilidade de um entendimento aproximado do todo e daquilo que se apresenta como *assunto último*. Aquele que tenta tirar conclusões a partir do todo, sem antes compreender estruturalmente as partes, pode passar longe de compreender com o que está lidando. Até mesmo afirmações universais a respeito de pessoas, de características de época ou de tendências correm o risco de colocar a perder a leitura aguçada das minúcias estruturais do indivíduo.

Uma *filosofia clínica* com chances de eficácia é praticada pensando naquilo que ela tem de mais valioso: o pressuposto da *singularidade*. A partir desta noção, padrões generalistas, inclinações de *pré-juízos* pessoais e o uso corrente de *termos universais* para a compreensão do outro desabam. Ficam só o *filósofo clínico* e o *partilhante* em seu complexo universo a ser compreendido e, via *construção compartilhada*, auxiliado em sua jornada existencial.

Lição 34
O idioma do partilhante

Uma das características da *filosofia clínica* é sua capacidade de moldar-se ao modo de ser do *partilhante*. O terapeuta aprende o "idioma" da pessoa atendida: gestos, vocabulário, comportamentos etc. Com essa intimidade com a *estrutura de pensamento* de quem procurou por seus cuidados, o diálogo do *filósofo clínico* encontra mais receptividade.

Essa possibilidade de dialogar segundo o "idioma" do *partilhante* pode ser pensada a partir dos "jogos de linguagem". Inspirado nas reflexões de Ludwig Wittgenstein em suas "Investigações Filosóficas", Lúcio Packter considerou o sentido da linguagem dado em seu uso, contexto e relações. Não são os dicionários as referências do sentido daquilo que é dito pela pessoa. Antes, é ela própria quem *traduz* o *significado* de suas expressões.

Ao longo das sessões, o *filósofo clínico* se familiariza com seu *partilhante*. O *significado* dos *dados de semiose*, dos *vice-conceitos*, das expressões comuns a revelar os *princípios de verdade* entre inúmeros outros aspectos são compreendidos – não interpretados – pelo terapeuta. A atenção à literalidade do que é dito é imprescindível para a *tradução* correspondente.

Ao compreender os jogos de linguagem do *partilhante*, o *filósofo clínico* pode encontrar maior receptividade em seus *procedimentos clínicos*. O caráter formal dos *submodos* requer o preenchimento de seu uso com os conteúdos colhidos do *assunto imediato* e da *historicidade*. Quanto mais literal – de acordo com o vocabulário da pessoa – o conteúdo expresso no uso dos *submodos*, maior as chances de encontrar ressonâncias na sua *estrutura de pensamento*.

Mas, o *filósofo clínico* não é convidado a ser um mero repetidor do vocábulo utilizado por seu *partilhante*. Por exemplo, o fato de uma pessoa usar palavras obscenas – segundo os *princípios de verdade* do meio onde vive – para expressar suas *emoções*, não necessariamente será critério para que o terapeuta, ao querer trabalhar questões referentes a esse *tópico*, utilize os mesmos vocábulos em seus *procedimentos clínicos*. Os jogos de linguagem possuem regras implícitas na *construção compartilhada* e precisam ser observadas.

O *partilhante* que use um vocabulário mais informal pode procurar o *filósofo clínico* a fim de ouvir a voz (ou, as palavras) de alguém que, em seu *papel existencial*, possui um vocabulário formal. O critério dessa presença ou ausência de formalidade na linguagem e o peso subjetivo para determinada *estrutura de pensamento* também dependerá de uma compreensão atenta do mundo do *partilhante*. Isso ocorre através dos *exames categoriais*.

Como se pode ver, os princípios norteadores da *filosofia clínica* passam pelas três etapas do método. É de suma importância reconhecer o contexto existencial do *partilhante* por meio dos *exames categoriais*. Quanto à *estrutura de pensamento*, sem compreendê-la, o *assunto último* e os critérios necessários para saber o que deve ser trabalhado e o que não deve ser tocado – sob o risco de, ao *agendar* inadvertidamente, promover desestruturações perigosas – deixa de ser percebido. E para a aplicação dos *submodos* é preciso reconhecer aqueles utilizados informalmente pelo próprio *partilhante* e os conteúdos, encontrados nas etapas anteriores, necessários para viabilizar *procedimentos clínicos* mais precisos.

Lição 35
A filosofia e a clínica: distinções

Há uma característica no exercício da *filosofia clínica* que se assemelha ao estudo do filósofo na academia. O processo de compreensão do *partilhante* é parecido com a atividade da pesquisa acadêmica em filosofia. Mas, a finalidade de ambos é distinta. Enquanto o primeiro busca compreender para auxiliar existencialmente quem o procura, o segundo compreende para corroborar, criticar, dialogar, entender o mundo, qualificar a trama conceitual etc.

No trabalho de consultório, o *filósofo clínico* é um aprendiz de seu *partilhante*. Trata-se de um caminho árduo e possivelmente repleto de surpresas. Ao aplicar a suspensão de juízo, o cuidador busca compreender, sem juízos de valor, a *representação de mundo* dessa pessoa. Por ter sua própria *representação de mundo*, o terapeuta compreende o outro por aproximação. Assim, obtém uma *representação* da *representação* do outro com o mínimo possível de acréscimos pessoais.

Essa *representação* alcançada, permite ao *filósofo clínico* uma compreensão possível do outro, dentro dos limites de conhecimento, tão claramente ensinados por pensadores como Karl Popper, Hans-Georg Gadamer, Friedrich Nietzsche entre outros. O *papel existencial* do cuidador constitui-se de uma postura de aprendizado contínuo, mantendo *epistemologia*, *intuição*, *recíproca de inversão* e inúmeros outros aspectos *tópicos* e *submodais* a serviço da compreensão do *partilhante* em busca de viabilizar uma *construção compartilhada*.

Nessa postura de aprendizado, o *filósofo clínico* monta a *estrutura de pensamento* do *partilhante*, segundo critérios claros: *dado padrão*, *dado literal*, *evolução do assunto imediato* e *dado atualizado*. Dediquemos algumas linhas aos dois primeiros pontos a serem observados ao longo da atividade da clínica filosófica.

O *dado padrão* permite acompanhar aquilo que se repete na fala do *partilhante*. Trata-se de observar a forma – *exames categoriais*, *estrutura de pensamento* e *submodos* – e seus respectivos conteúdos – da *historicidade*. Os *tópicos* determinantes se repetem enquanto a pessoa conta seu *assunto imediato*, ao longo do relato de sua *história de vida* e, por meio da identificação dos conflitos *tópicos*, revela o *assunto último*. Da primeira sessão à mais recente, o *dado padrão* se revela, salta aos olhos do terapeuta.

É necessário ater-se ao *dado literal*. Enquanto a academia pode se dar ao luxo de interpretar termos expostos nos livros dos filósofos, o *filósofo clínico* precisa compreender os termos emitidos pelo *partilhante* a partir do próprio emissor. Diante de dúvidas ou necessidades de esclarecimentos, quem *traduz* o que é dito é a pessoa. Cabe ao terapeuta cuidar para que sua compreensão seja fiel ao que ouve, uma autêntica *representação da representação*. Aqui, não há espaço para a livre interpretação. Não é uma questão de criar uma visão de mundo – *como o mundo parece* – a partir da interpretação de obra alheia, mas de compreender a *representação de mundo* de quem é ouvido a fim de auxiliá-lo a partir de sua realidade.

Lição 36
Matemática simbólica: distorções metodológicas

No final dos anos de 1990, o anúncio dos estudos da *matemática simbólica* prometia propostas fantásticas. Uma delas consistia em pensar o *partilhante* a partir do conjunto daquilo que o constitui – *exames categoriais, estrutura de pensamento* e *submodos*. Trata-se dos *padrões autogênicos*. Outra novidade consistia em usá-la para pensar o âmbito organizacional: empresas, escolas, ONGs etc. Tais intentos enriqueceriam o uso desse paradigma na prática cotidiana.

Todavia, um dos meios utilizados para sua reflexão é o *vice-conceito*, a linguagem simbólica. Quando não é esclarecido, o *vice-conceito* pode resvalar em *termo equívoco*, podendo servir para manipulação ou distorções. Embora a proposta dos *dados da matemática simbólica* seja o de abarcar esferas amplas, o modo como é conduzida por alguns profissionais da área pode conduzir a equivocidades prejudiciais até para a compreensão da *singularidade*, tornando a pessoa refém de um certo espírito de rebanho.

Um dos riscos é tomar o *padrão autogênico* como critério prévio. Ora, a *matemática simbólica* está no âmbito dos últimos *tópicos* da *estrutura de pensamento* que nos ajuda a compreender o *partilhante* ao constatarmos seus *tópicos* determinantes, suas *interseções* e as relações com as *categorias*, bem como o uso dos *submodos*. Enquanto a *autogenia* seria a relação entre esses *tópicos*, a *matemática simbólica* vislumbra esse conjunto de elementos em seu funcionamento numa totalidade ou contexto.

O problema se encontra quando os *dados da matemática simbólica* são considerados sem que, antes, se tenha realizado as três etapas do método. Considerar o todo sem as partes constituintes pode levar a procedimentos desconstrutivos, construtivos, ou a *agendamentos* de diversas naturezas com altos riscos de envolver *tópicos* fundamentais para determinadas *estruturas de pensamento*, como *pré-juízos* ou *axiologias* do *filósofo clínico*. Afinal, como saber quais mudanças fazer em uma *estrutura de pensamento* vista antes no seu todo, sem o conhecimento aprofundado de suas partes?

Outro problema se encontra no modo como a própria *matemática simbólica* é apresentada por algumas escolas de *filosofia clínica*. O caráter simbólico desse *tópico*, é basicamente um *vice-conceito* – com *axiologia, como o mundo parece, pré-juízo* etc. – que se vale de figuras como: mecanicidade, densidade, transversalidade, transcendência etc. Uma vez que a ênfase está fora do rigor conceitual, tanto da explicação da *filosofia clínica* quanto da colheita das informações do *partilhante*, cada ouvinte pode interpretar as informações desse *tópico* segundo os critérios de sua própria *representação de mundo*.

O risco de se colocar a *representação de mundo* do *filósofo clínico* como critério de compreensão do outro com a justificativa de se fazer uma clínica filosófica com a *matemática simbólica* está na desconsideração do *partilhante* como critério último. Assim, o *padrão autogênico* não é mais fornecido a partir das três etapas do método, mas por meio de critérios estipulados pela compreensão subjetiva de cada *filósofo clínico* do modo como absorveu as instruções a respeito dos *vice-conceitos* com os quais foi apresentada a *matemática simbólica*.

Lição 37
Matemática simbólica: um vice-conceito

Os *dados da matemática simbólica* surgem como uma proposta de conteúdo avançado da *filosofia clínica*. Inicialmente, anunciado como caminho para pensar grupos, corporações, âmbitos maiores onde as teorias dos conjuntos, de Georg Cantor, serviriam de inspiração para a reflexão que culminaria na aplicação da clínica filosófica.

Mais tarde, começam os anúncios da *matemática simbólica*. Iniciou com a apresentação das *autogenias verticais* e *horizontais*. Em seguida, as transversais, as pós-autogenias e, finalmente, as sinonímias. Propostas com ampla reflexão sobre alguns *partilhantes*. No entanto, aquele anúncio do que consistiria em um capítulo "a mais" nos trabalhos dos *filósofos clínicos* apareceram com inclinações distanciadas da proposta originária.

Surgiram dois *termos equívocos* nos desdobramentos da *matemática simbólica*. O primeiro deles foi gerado pela sedução de alguns alunos. Devido ao caráter simbólico da apresentação desses estudos de Packter, a equivocidade dos termos permitiu que as tendências pessoais fossem anexadas à compreensão do conteúdo. Assim, os *pré-juízos* dessas pessoas, suas crenças pessoais das mais diversas origens e constituições, passaram a constituir o anúncio desse novo caminho da *filosofia clínica*. Isso possibilitou a verificabilidade da distorção do método inicial realizada pelo próprio pensador do método.

Com o tempo, os *dados da matemática simbólica* foram preferidos por alguns *filósofos clínicos*. Esse *tópico* supostamente destacou-se dos demais e passou a ser considerado algo "avançado" diante da proposta "arcaica" da leitura dos *exames categoriais*, da *estrutura de pensamento* e dos *submodos*. Como se esses três pilares da *filosofia clínica* fossem limitados para compreender o *partilhante*. A *matemática simbólica*, antes contida como parte da *estrutura de pensamento*, ganha vida própria e se afasta do conjunto de instâncias com as quais dividia espaço.

Outro *termo equívoco* surge justamente dessa separação como se fosse algo mais elaborado dentro da *filosofia clínica*. No entanto, o conteúdo desmerecido tem mais poder de compreensão desse "novo capítulo" dos conteúdos da clínica filosófica do que o contrário. E, para isso, basta citar um *submodo*. A grande sacada, o olhar perscrutador de um âmbito não mais contido naqueles considerados por eles limitados elementos da tríade da *filosofia clínica*, nada mais é do que um *vice-conceito*.

A riqueza com a qual ela supostamente busca se expressar ocorre via *vice-conceito*, uma linguagem figurada para explicar movimentos supostamente complexos. O conteúdo avançado da *filosofia clínica* é uma redução da mesma a um recurso de *semiose* utilizando tão somente um *submodo*. Trata-se de um recurso forte com inclinação tipológica: *autogenias verticais*, do mais denso para o menos denso, dos *padrões autogênicos* mais mecânicos para os menos mecânicos, *autogenias* transversais, elementos de transcendência etc. transformando a *filosofia clínica* numa atividade apriorística como as demais áreas de abordagem psi, apta a tornar-se refém da psiquiatria, do DSM etc.

Aqui, já não é a *singularidade* e, menos ainda, o *partilhante* a voz última no consultório do *filósofo clínico*. O parâmetro é *como o mundo parece* de quem, por *vice-conceito* e *axiologia*, constrói a proposta de um novo momento. É um novo caminho para os *filósofos clínicos*. Distante da proposta originária... e sem seu caráter paradigmático no universo das terapias. A venda de um parâmetro, de uma *representação de mundo* que deixou de fazer *recíproca* e tornou-se “livre” para, em sua *inversão*, tornar a *representação de mundo* do terapeuta o critério.

Lição 38
Pertinência da filosofia

A formação filosófica pode não ser condição necessária para alguém se tornar um bom terapeuta segundo o método da *filosofia clínica*. No entanto, algumas incompreensões são possíveis caso não se tenha uma formação prévia ou posterior nessa área. Pois, tanto para compreender a fonte da sistematização da clínica filosófica quanto para construir uma compreensão rigorosa dela, a filosofia pode ser indispensável.

Alguém pode vir a ser um excelente *filósofo clínico* vindo de uma graduação em outra área aquém da filosofia. Há algumas inclinações, talentos, vivências etc. que viabilizam o *papel existencial* de cuidador, com uma escuta, *recíproca de inversão, intuição, epistemologia* e outros *tópicos* e *submodos* aguçados para o acolhimento, compreensão e auxílio dos *partilhantes*. Portanto, a prática de consultório pode num primeiro momento prescindir de uma graduação em filosofia.

No entanto, há pontos a serem discutidos na compreensão, fundamentação, teoria e prática da clínica filosófica diante dos quais a filosofia seria uma excelente aliada crítica, reflexiva e analítica. A formação lógica é um dos critérios de percepção das inconsistências de possíveis "desvios" da proposta originária da *filosofia clínica*. Em alguns casos, a lógica auxilia justamente na manutenção da fundamentação e da consistência dos pressupostos irrevogáveis do método como, por exemplo, a *singularidade*.

Além disso, é possível que um conhecimento razoável dos filósofos e correntes de pensamento basilares para a formulação dessa proposta terapêutica, auxiliem na compreensão de movimentos internos dos conceitos da *filosofia clínica.* Embora, se tratem de adaptações de teses filosóficas para o trabalho de consultório, o rigor daqueles pode ser requisitado na compreensão deste. Por isso, ter feito um caminho formativo na filosofia pode ser útil e necessário.

Outra questão fundamental está em considerar a *filosofia clínica* como um método terapêutico na vanguarda das terapias com sua orientação radicalmente única. Ela não é uma proposta universal de vivência, de comportamento, de leitura de mundo ou de características de época. Trata-se de um método terapêutico com uma rica fundamentação filosófica. Nesse sentido, ela não tem compreensão cosmológica, histórica, metafísica, sociológica ou ética a fazer – não é detentora de uma verdade única. Sua proposta é a de compreender cada pessoa em sua complexa *singularidade.*

Portanto, independentemente de como seja a *representação de mundo* do *filósofo clínico*, por mais excelente que ele seja em sua prática de consultório, ela continua sendo *singular* e não deve ser atribuída a mais ninguém. Nem mesmo deve servir como parâmetro para compreender o *partilhante.* Para realizar bem a clínica, faz-se os *exames categoriais*, a montagem da *estrutura de pensamento* e a identificação dos *submodos* do indivíduo, fornecidos por informações colhidas dele mesmo – sem querer cooptá-lo, ainda que sutilmente, às verdades do *filósofo clínico.*

Lição 39
Um filósofo brasileiro no consultório

Se o filósofo brasileiro Mário Ferreira dos Santos (1907-1968) viesse ao consultório de um *filósofo clínico* com ideias como aquelas apresentadas em seu livro "Invasão Vertical dos Bárbaros", como seriam consideradas suas ideias? O terapeuta acolheria seus argumentos, a riqueza presente em seu vocabulário, sua cultura enciclopédica etc.? Como seria a compreensão clínico filosófica daquilo que esse eloquente pensador apresentaria no consultório?

Considerando a obra supracitada, provavelmente estaríamos diante de um homem com uma cultura vasta. Trata-se de alguém que usando a *informação dirigida*, meio principal para alimentar sua *epistemologia*, construiu uma série de *pré-juízos* religiosos, sociais, humanos etc. a respeito de como a realidade cultural deveria ser. Sua inquietação, indícios de um *assunto último*, está no conflito entre esses *pré-juízos* e *como o mundo parece*.

O modo como Ferreira dos Santos percebe o mundo, talvez até pautado por uma análise de suas *circunstâncias*, o leva a denunciar um gradativo ataque à sociedade moldada pelos princípios judaico-cristãos. Ele chama esse movimento com o *vice-conceito* "invasão vertical dos bárbaros". Os bárbaros não são externos. Na verdade, são internos. E forçam a sociedade a decair vertiginosamente para um abismo para o qual está destinada, mas cujo processo pode ser atenuado com ações como a de seu livro, caracterizado como um manifesto.

Mário Ferreira dos Santos *busca* então mostrar esse processo. Seus *dados de semiose* são a fala – isso é facilmente encontrado em gravações da época – e a escrita, sua *esteticidade seletiva*, sua produção cultural. Sozinho, o filósofo escreveu dezenas de livros em pouco tempo. Dono de um *raciocínio estruturado* admirável, com recursos *epistemológicos* e de *argumentação derivada*, seus textos elucidam o conflito entre *pré-juízo* e *como o mundo parece*.

Como agiria, então, o *filósofo clínico* diante desse *partilhante* tão *singular* como qualquer outro e, ao mesmo tempo, com certo destaque ímpar, dado seu trato com seus *dados de semiose*? A resposta é simples. Faria, em tese, os mesmos processos exigidos pelo método da clínica filosófica. Ouviria sua queixa inicial, isto é, o *assunto imediato*, ilustrada aqui pelo *vice-conceito*: invasão vertical dos bárbaros.

Em seguida, pediria para contar sua história de vida. É provável que sua *semiose* flua nesse processo de relato da *historicidade* e, ao mesmo tempo, busque concatenações, clareza, pontuações ordenadas, *traduções* de momentos etc. É possível que ele prezasse pelo *termo unívoco* o tempo todo, pois seu *papel existencial* de professor poderia se manter ao longo das sessões. Apenas uma hipótese, é claro.

Com os devidos *dados divisórios* e *enraizamentos*, o *filósofo clínico* realizaria os *exames categoriais* consistentemente, identificaria a constituição da *estrutura de pensamento* e notaria outros *submodos* já utilizados por seu loquaz *partilhante*. Tal processo, necessário para vislumbrar o *assunto último*, permitiria ao terapeuta fazer seu *planejamento clínico* e realizar os devidos procedimentos *submodais*, seja com os do próprio indivíduo, seja com outros a serem ensinados para ele. Um belo caminho para promover as devidas *autogenias*.

Lição 40
Singularidade como critério

A finalidade dos *exames categoriais* é vasta na atividade de um *filósofo clínico*. Inicialmente, é utilizada para reconhecer a queixa do *partilhante* por meio do *assunto imediato*. Em seguida, a partir da colheita da *historicidade*, qualificar a *interseção* clínica, identificar os contextos, as interações, a vivência ante a cronologia e a experiência diante dos locais, trabalhados respectivamente a partir da *circunstância*, *relação*, *tempo* e *lugar*. Por fim, tão importante quanto os anteriores, há o *assunto último* que consiste na questão a ser trabalhada na terapia.

Portanto, as cinco *categorias* são referenciais formais preenchidos pelos relatos do *partilhante*. O critério para o trabalho do *filósofo clínico* é a pessoa atendida. Assim, ao fazer os *exames categoriais*, o intento é o de formar uma perspectiva subjetiva, a *representação de mundo*, do *partilhante*.

Deve-se cuidar para não construir quaisquer perspectivas a priori para o acompanhamento da pessoa, de modo a elaborar comparações, parâmetros, normatividades etc. A fim de evitar esse erro, o *filósofo clínico* deve se atentar para a não construção de *categorias* distanciadas da realidade do *partilhante*. Pois, uma elaboração externa à apresentada pela pessoa atendida pode levar à perda daquela que é a principal referência da clínica.

Trata-se de manter a *representação de mundo* do *partilhante* como meio de acessá-lo em seus referenciais existenciais. Mas, atualmente há uma noção denominada "base categorial" utilizada por algumas escolas de *filosofia clínica*.

Essa ideia se refere a uma pretensa compreensão objetiva do contexto da pessoa, como se pudesse ser caracterizada por um parente, pelo próprio *filósofo clínico* como observador do entorno daquele a quem atende, do propagador dessa terminologia ou até de referências bibliográficas; com isso, estamos diante de uma tipologização. Pois, tanto o parente quanto o *filósofo clínico* – e outras instâncias mencionadas – estarão olhando a partir de suas perspectivas, de suas representações. Na contramão dessa noção de "base categorial", o modo mais objetivo de compreender o *partilhante* ocorre pela subjetividade de suas experiências obtidas pelo *dado literal, dado padrão* e *dado atualizado*.

Embora seja um procedimento de busca pelo contexto do *partilhante*, os *exames categoriais* são baseados na fala e vivência dele próprio. Não são outras pessoas ou o *filósofo clínico* que ditam essa contextualização. Por isso, os *exames categoriais*, com a *estrutura de pensamento* e os *submodos*, precisam permanecer como aquela a revelar o *padrão autogênico* propiciado ou acessado por meio da fala da pessoa atendida, e de mais ninguém.

Ao lançar mão de ditar características ou padrões de época ao *partilhante*, o *filósofo clínico* que não colheu tais informações por meio da fala da pessoa a quem atende, estará tornando sua *representação de mundo* como critério. Afinal, o princípio inspirado em Schopenhauer e Protágoras continuam a ser uma das bases fundamentais para se pensar uma *filosofia clínica* na vanguarda das terapias com sua noção de *singularidade*.

A proposta originária da *filosofia clínica* não se perdeu e ainda está longe de ser superada após pouco mais de um quarto de século desde o início de sua difusão pelo Instituto Packter. Seu frescor inquietante talvez continue a inclinar *filósofos clínicos* a buscarem bases "universais" confortantes. Permanecer continuamente como aprendiz é uma arte. E talvez muitos *filósofos clínicos* podem não conseguir uma sustentação pessoal das exigências deste *papel existencial*.

Lição 41
Atento à representação

Uma das premissas da *filosofia clínica* está na interpretação derivada de Protágoras, segundo o qual "O homem é a medida de todas as coisas", e Schopenhauer, para quem "O mundo é minha representação". Trata-se da compreensão de que cada pessoa possui sua visão de si e de seu entorno. Embora compartilhemos em alguns momentos o mesmo mundo "objetivo", o modo como cada pessoa o vê, depende de sua representação, oriunda de sua história, contexto, constituição interna e modo de ser.

Por isso, reconhece-se que até o *filósofo clínico* tem uma *representação de mundo*. Todavia, em sua prática clínica, seu *papel existencial* de cuidador o leva a compreender seu *partilhante* a partir de um exercício fenomenológico chamado de suspensão de juízo – em grego, "epoché". Com isso, o *filósofo* não está isento de sua própria percepção da realidade. Mas, em seu exercício no consultório, busca colocar o mínimo de si ao buscar compreender a representação de seu *partilhante*.

Diante dessa premissa, fundamental para a *filosofia clínica*, torna-se temerária qualquer tentativa de explicação a respeito do mundo de uma pessoa que não tenha sido apresentada por ela mesma. Há escolas que postulam a noção de "característica de época" previamente pensadas, por exemplo, para explicar atitudes, comportamentos, visões de mundo, tendências culturais, etc. de determinado *partilhante* ou no qual ele está inserido. Com isso, o *filósofo clínico* passa a se tornar senhor – o detentor do saber-poder – na *interseção* e perde a perspectiva aprendiz diante daquele de quem deveria vir toda a informação a seu respeito. Assim, se abandona a perspectiva aprendiz na relação com a pessoa em clínica.

Outro risco, também presente nessas escolas, está em construir padrões a respeito de graus de densidade ou mecanicidade como elementos a descrever pessoas que, nos supostos padrões de época atuais, vivem de determinado modo. Trata-se de uma inclinação mais recente do iniciador da *filosofia clínica* de romper com a noção de *singularidade* para construir parâmetros normativos – mesmo não confessos – a fim de enquadrar as pessoas segundo características tipológicas; uma distorção da proposta original.

Quando as reflexões a respeito da clínica filosófica deixam de lado o "chão de fábrica" dos atendimentos do consultório e partem para as abstrações e inclinações de *como o mundo parece, pré-juízos, axiologia* etc. de quem as pensa, talvez não seja mais o método a falar, mas as preferências de uma *singularidade* que, de modo algum, representa todas as pessoas. É uma *representação de mundo* falando, ignorando a suspensão de juízo, e pretendendo projetar seus princípios no modo de vida pretensamente cabível a toda pessoa.

A garantia dos princípios de base da *filosofia clínica* está na *singularidade,* nos três pilares – *exames categoriais, estrutura de pensamento* e *submodos* – do método, na ausência de tipologias, na anulação de uma *interseção* baseada no saber-poder do terapeuta. Está também na prática clínica, na consideração do *partilhante* como critério de sua própria compreensão, na *construção compartilhada* que ocorre nesse espaço privilegiado onde o *filósofo* é um aprendiz diante do outro que, com sua *história de vida,* se mostra.

Lição 42
A (des)razão da loucura

A "História da Loucura", de Michel Foucault, contribuiu com discussões, análises e reflexões a respeito do trabalho da psiquiatria e das psicoterapias. O pensador francês revive questões dionisíacas trazidas anteriormente por Friedrich Nietzsche, em contraposição à exacerbação do apolíneo. Mas, diferente do autor de "Assim falou Zaratustra", Foucault não generaliza o mal do Ocidente proposto por Sócrates. Antes, mostra as metamorfoses históricas do modo de lidar com o louco.

Na Idade Média, o louco podia vagar livremente pela sociedade. Para o homem medieval, eles eram sagrados. No Renascimento, tornam-se porta vozes das loucuras da sociedade. No período imediatamente posterior, inaugurado por René Descartes, a razão começa a tomar centralidade e a loucura passa a ser considerada como uma desrazão.

Na quarta parte de seu "Discurso do Método", Descartes parte da certeza da razão (*epistemologia*), do pensamento, como ponto seguro do filosofar. Para ele, no referido livro, a definição "penso, logo existo – era tão firme e tão certa que todas as extravagantes suposições dos céticos não eram capazes de a abalar, julguei que podia aceitá-la, sem escrúpulo, como primeiro princípio da filosofia que procurava".

Descartes abriu as portas para que Immanuel Kant, anos depois, colocasse a razão como ré e juíza em sua "Crítica da Razão Pura". O Iluminismo, então, aumenta a convicção na razão como parâmetro e condutora do pensamento intelectual, a linguagem da ciência. A irracionalidade, por sua vez, acompanhada da insensatez e da inaptidão de toda ordem (e lei) para a vida social, tornam-se critérios para a loucura.

Assim, a loucura que fora por tempos sagrada, reveladora e criminosa, agora, sobretudo nos séculos XVIII e XIX, torna-se doença. A literatura de Machado de Assis mostra, em seu conto "O Alienista", as desventuras do doutor Simão Bacamarte em busca de dizer o que é ou não a loucura, em nome da ciência. A crítica positivista da obra machadiana antecipa, em décadas, as investigações de Foucault.

Pouco a pouco, as prisões dos sanatórios – de corpos – passam a alcançar as mentes por meio das intervenções medicamentosas, além dos tratamentos de eletrochoques etc. O psiquiatra tornou-se o detentor de um saber que lhe concedia um poder socialmente aceito para interditar quem julgasse louco.

No século XX, pessoas como o psiquiatra escocês Ronald David Laing buscaram mostrar as lógicas da chamada esquizofrenia. Para Laing, ela caracteriza uma contradição interior, uma tentativa de preservação da própria identidade, uma incapacidade ou dificuldade de expressar a verdade da própria pessoa, distorcida nela mesma.

Na *filosofia clínica*, esses *raciocínios desestruturados* e as incompletudes existenciais alcançam espaço para partilhas. Hélio Strassburger, *filósofo clínico* que se dedica há anos ao trabalho em hospitais psiquiátricos, diz que "Ao vivenciar das lógicas irreconhecíveis, vários significados lhe atribuem uma poética de existir difuso, em que a razão, cada vez mais, concede lugar de destaque à desrazão". Trata-se de acolher lógicas inacessíveis a algumas *epistemologias*, mas viáveis para um método no qual o *raciocínio* é um entre dezenas de *tópicos* possíveis em *autogenia* numa *estrutura de pensamento*.

Lição 43
Singularidade inquietante

A filosofia enquanto um filosofar pode se caracterizar por seu aspecto inquietante. Os filósofos não só refletiam a partir da admiração ou espanto diante daquilo com o que as demais pessoas poderiam estar acostumadas, como podem inquietar seus ouvintes ou leitores com sua, por vezes, perturbadora visão do mundo. Sócrates é um grande exemplo de ambos.

A *filosofia clínica* em sua finalidade basilar, realizada na prática terapêutica, é uma forma de filosofar. Talvez tenha a possibilidade de ser um passo mais ousado na história da filosofia. O *filósofo clínico* não busca verdades universais a partir de como ele vê o mundo. Antes, sua atuação reflexiva ocorra por um processo de *hermenêutica compreensiva* de seu *partilhante.*

Ou seja, enquanto os filósofos realizam suas reflexões tendo como horizonte sua própria capacidade de compreender a si, os outros e o mundo, o *filósofo clínico* suspende, dentro do possível, sua *representação de mundo* e busca compreender a *representação de mundo* de seu *partilhante.* Ele alcança uma *representação* da *representação*, aceitando as limitações epistemológicas próprias da sua condição humana.

Como alguém disposto a compreender o outro em sua complexidade, em sua *singularidade*, o *filósofo clínico* não dispõe de quaisquer propostas de resolução de possíveis problemas de seu *partilhante* até compreender o funcionamento estrutural e lógico de seu universo. Onde essa pessoa habita existencialmente (*exames categoriais*), quem ela é ou está sendo (*estrutura de pensamento*) e modo de ser e agir (*submodos*) fornecem os parâmetros de como auxiliar essa pessoa em sua existência.

Por isso, exercer o trabalho terapêutico como *filósofo clínico* é expor-se a um espanto e admiração diante do novo a cada atendimento. A pessoa não é só única como os encontros podem ser únicos diante das mudanças às quais ela está sujeita. Ao mesmo tempo, o *dado padrão* mostra a repetição de *categorias, tópicos* e *submodos*. A novidade é uma constante, o desconforto de quem não se familiariza com o não saber socrático, pode ser desestimulante para um *filósofo clínico* em construção.

O *filósofo clínico* se coloca em uma postura de aprendiz. Rompe com a proposta de um saber-poder no qual o terapeuta possui alguma superioridade sobre a pessoa atendida em seu consultório. Inaugurando um novo paradigma no mundo das terapias até então existentes. O processo da clínica passa a ocorrer via *construção compartilhada*: *partilhante* e *filósofo clínico* são coparticipes da terapia.

Quando o *partilhante* deixa de ser o parâmetro para a clínica, algo deve ser revisto. Se o terapeuta passa a ter os princípios segundo os quais é dada uma visão de mundo, do homem e, por consequência, até de si mesmo, seu exercício pode ser filosófico – no sentido acima descrito – mas, jamais, filosófico clínico. O consultório assim pensado adquire ares de aconselhamento pastoral e perde um terapeuta.

As consequências desse "sentir-se em casa" com fórmulas bonitas, prontas, pessoais, convencionalmente aceitas e, em alguns casos, com resultados interessantes no consultório, se afastam da proposta inédita da *filosofia clínica*: a *singularidade*. Trata-se da maior e mais inquietante proposta filosófica do método iniciado por Lúcio Packter. Inclusive, sem a noção da *singularidade* e das etapas que conduzem à sua percepção, nossa abordagem terapêutica pode perder seu caráter filosófico.

Lição 44
Bacamarte, o alienista

Atribui-se à filosofia o mérito de romper com a arte e a religião ao tentar explicar a totalidade a partir de critérios puramente racionais. Uma versão aceita, mas não inteiramente capaz de abarcar os recursos filosóficos, estéticos e criativos. Os diálogos platônicos foram recursos claramente literários, dentro dos quais, a "Alegoria da Caverna" é uma das passagens mais lembradas em toda a "República". Outros autores como Albert Camus e Jean-Paul Sartre recorreram à literatura para expor suas reflexões filosóficas, talvez dando-lhes vida.

Falemos de um autor, sem obra explicitamente filosófica, e com ampla produção literária, entre romances, contos e poemas: Joaquim Maria Machado de Assis. Entre inúmeras contribuições legadas por sua produção escrita, ele tratou de um tema muito caro aos *filósofos clínicos*: a loucura. Talvez se antecipando em muitas décadas a Michel Foucault, o conto machadiano "O Alienista" dá vida a uma questão fundamental para pensar a clínica filosófica.

A obra aborda a saga do personagem Simão Bacamarte, renomado psiquiatra brasileiro formado na Europa, o qual ao voltar para Itaguaí, no Rio de Janeiro, resolve investigar "a saúde da alma". Atribuindo seu trabalho em nome da valorosa ciência, a quem cabe os fundamentos para encontrar as verdades sobre as pessoas, Bacamarte constrói critérios e, em seguida, passa a isolar as pessoas do convívio social, internando-as.

O alienista traz consigo a autoridade científica concedida e normatizada por leis, regras e normas socialmente reconhecidas. No entanto, a ciência é uma construção humana e, consequentemente, é realizada a partir de critérios bastante subjetivos e sociais. O louco é aquele que não se adéqua ao normal. Após o advento do Iluminismo, a razão se encontrou à frente, tornando-se o critério de quem é são – racional – e de quem sofre de alguma patologia – irracional.

No doutor Bacamarte estão reivindicados os princípios da ciência: a *epistemologia*, o *raciocínio estruturado* (no sentido inicial de seu uso) e os *princípios de verdade* de sua época. A primeira como *busca*, o segundo como critério, e o terceiro expresso em uma noção de normalidade e nos princípios religiosos, os *pré-juízos* – o alienista colocaria a caridade cristã como recurso retórico.

A vida sob o prisma da ciência, ignorando as variedades de elementos comportáveis na alma humana, leva Bacamarte a escolher uma esposa segundo a conveniência de seu trabalho. Ignora as *emoções*. A *recíproca de inversão* é realizada a partir dos *pré-juízos* das condições da prole. Não por instinto – como se poderia supor de um ponto de vista biológico –, mas por critérios científicos, pelas verdades – *pré-juízos* – desse saber em voga na época machadiana – o positivismo – e ainda vivo em nosso século. Por fim, a ciência objetifica o cientista levando-o à autocondenação.

A arte antecedeu a filosofia. Machado de Assis mostrou com recursos literários o que Foucault apresentaria com uma vasta pesquisa histórico/arqueológico/filosófica. Que a leitura de "O Alienista" suscite reflexões e questionamentos sobre os perigos do saber-poder concedido sem a devida ponderação. Bacamarte não perguntava como a pessoa estava. Ele os observava e, após vê-los julgando segundo seus critérios "objetivos" de insanidade, os encaminhava para a Casa Verde; onde a cor não remete à esperança; onde o nome casa não se refere a um lar.

Lição 45
Formação filosófica

A graduação em filosofia como pré-requisito para a formação em *filosofia clínica* foi proposta desde quando Lúcio Packter começou seu ensino no Instituto Packter. Esse conhecimento prévio servia como pano de fundo de onde a clínica filosófica se formou. Era necessário que se conhecesse o mínimo dos últimos vinte e cinco séculos de pensamento ocidental para compreender alguns pressupostos desse novo paradigma.

A *filosofia clínica* traz como três de suas diversas bases filosóficas de fundamentação a fenomenologia, a analítica da linguagem e o estruturalismo. Quem conhece estas correntes de pensamento não entende o método em si. Mas, quem aprende essa abordagem antes tendo tido acesso às escolas filosóficas mencionadas, entende melhor a proposta de Packter.

Em paralelo com essas linhas de pensamento, temos pelo menos algumas dezenas de autores, de Sócrates a Hans-Georg Gadamer, com contribuições fundamentais para o novo paradigma terapêutico. Assim como todo filósofo, Lúcio não toma literalmente nem na totalidade as ideias dos pensadores para construir seu método, ele os adapta segundo as exigências da reflexão e dos atendimentos em consultório.

Mesmo adaptadas, as teses filosóficas, seus conceitos, seus pressupostos etc. ajudam a entender a pretensão do sistematizador da clínica filosófica. Embora muitos *filósofos clínicos* tenham rejeitado a posição de Packter, segundo a qual a formação em filosofia é fundamental para quem cursa *filosofia clínica*, ele continua acreditando nesse pressuposto. Ideia compartilhada por outros tantos *filósofos clínicos*.

Talvez para a prática, a graduação específica em filosofia possa não ter tanto peso. Afinal, a clínica filosófica é, em si, um método bastante completo. Mas, para o ensino, o formador de novos *filósofos clínicos* necessita de uma formação filosófica. Para a pesquisa, ela também é necessária. O autodidata pode alcançar um bom conhecimento. Todavia, a formação acadêmica, por mais que mereça justas críticas, pode trazer uma noção da história e dos problemas filosóficos benéficos ao entendimento da filosofia, até para conhecer os pensadores de onde Lúcio tirou sua sustentação ao novo paradigma.

Além da noção conceitual da filosofia, a graduação também fornece o senso aguçado na leitura de textos filosóficos – por vezes, bastante difíceis – claramente aproveitáveis nos atendimentos clínicos. Compreender cada pessoa como uma grande obra a ser entendida pode requerer capacidade de ler sutilezas na linguagem, tendo como referência o discurso e as narrativas do *partilhante* em linguagem própria, ou seja, aprender a língua na qual a pessoa se diz existencialmente.

O exercício fenomenológico – seja de Husserl, seja de Merleau-Ponty – possui diferenças entre exposto pelas linhas de um texto reflexivo e a realizada pela escuta no consultório. Todavia, a manifestação do *partilhante* precisa de uma suspensão de juízo para ser acolhida pelo *filósofo clínico*, tal como aparece, e sua vivência corporal no momento da clínica ou descrita nas partilhas podem ser percebidas com mais clareza quando ouvidas por quem teve contato com os mestres supracitados.

Por fim, o estruturalismo nos leva a noção de totalidade na qual a relevância das partes é imprescindível. O *filósofo clínico* colhe nas falas, na *historicidade*, nas expressões corporais etc. as informações fragmentadas e as reúne em um todo conhecido como *estrutura de pensamento* que – ao lado dos *exames categoriais* e dos *submodos* – é fruto de uma leitura subjetiva estrutural do ser humano.

Lição 46
A tentação do filósofo clínico

A tentação de um *filósofo clínico* pode ocorrer diante da desatenção em relação ao princípio fundamental do método: a *singularidade*. Permanecer aberto ao novo nas primeiras sessões ou atendimentos não é difícil. A experiência torna-se mais desafiadora com o passar dos anos. A postura filosófica do maravilhamento ante o novo é uma tarefa, às vezes, árdua. Ela reivindica estudos continuados e aperfeiçoamento da própria *autogenia* do *filósofo clínico*.

O acúmulo dos atendimentos e a suposta semelhança entre *assuntos imediatos* e últimos, bem como os *procedimentos clínicos* utilizados de modo repetitivo pode ser indício de estagnação do olhar perscrutador do terapeuta. A ausência de formação contínua, de diálogo com colegas, de revisita aos antigos materiais de estudos etc. podem fazer perder a disposição para a percepção dos inéditos.

As queixas iniciais – *assunto imediato* – podem conter bastante semelhanças, sobretudo se forem com manifestações físicas. O que se convencionou chamar de ansiedade, por exemplo, possui vários traços em comum. Por isso, esses e outros "sintomas" foram cruciais para outras abordagens terapêuticas construírem manuais de diagnósticos e, consequentemente, de procedimentos de contenção, tratamento ou "cura" dos mesmos.

O fato de encontrarmos como *princípios de verdade* de uma sociedade derivações dos *termos agendados no intelecto* por parte das ciências dos alienistas, mostra o quanto uma pessoa pode chegar ao consultório autodiagnosticada. Não raro, pessoas vão ao consultório se dizendo com ansiedade, depressão entre outros diversos nomes para suas experiências. O *filósofo clínico* deve cuidar para não ser levado pelas retóricas dos *partilhantes* levando-o a concluir *assuntos últimos* incompatíveis com a nova metodologia terapêutico-filosófica.

Outro risco para o *filósofo clínico* está em seu próprio método. Os *exames categoriais*, a *estrutura de pensamento* e os *submodos* são estruturas formais pensadas para organizar as informações – o conteúdo – oriundas das partilhas de quem procura os cuidados do terapeuta. Com o tempo, o *filósofo* pode cair em tendências estatísticas de pensar que a combinação de determinados *tópicos*, *categorias* ou *submodos* pode constituir padrões de leitura e *procedimentos clínicos*.

Esse olhar tendencioso para as repetições funciona como *intencionalidade dirigida*, ou seja, *filtra* a atenção afirmando padrões ao desconsiderar uma gama de elementos constituintes da *singularidade*. Essa perspectiva estatística funciona justamente por excluir as variáveis. No caso da *filosofia clínica*, as variáveis são fundamentais, uma vez que torna o filósofo ciente das características originais de seu *partilhante* e o possibilita encontrar *procedimentos clínicos* exclusivos retirados de sua própria *historicidade* quando relata os eventos de sua *história de vida*.

Essas são algumas das tentações possíveis de ocorrer por quem pratica a *filosofia clínica*. A exigência de abertura ao novo – muito próprio de uma postura classicamente filosófica – é, ao mesmo tempo, um desafio e uma dádiva. O filósofo é quem vê o novo, enxerga no comum seu caráter de novidade, rompe com as confortáveis fórmulas prontas e se abre às inquietações do não saber, percebe as nuances dos discursos, das vivências, dos gestos e das palavras expressas por cada *partilhante*, em cada nova sessão.

Lição 47
Filosofia clínica: incompleta

A *filosofia clínica* é uma obra aberta. Ela pode ser aprofundada e expandida na medida das necessidades surgidas no consultório. Os pesquisadores teóricos costumam querer dar passos no sentido de criar pressupostos nem sempre benéficos à prática clínica. Por outro lado, *filósofos clínicos* nem sempre estão abertos a explorar o método em toda sua abrangência.

Quanto aos pesquisadores, parece importante um diálogo constante entre suas conquistas teóricas e as demandas dos praticantes dessa arte de cuidar de pessoas. Em muitos casos, afirmar, por exemplo, que a *filosofia clínica* é predominantemente fenomenológica, excluindo ou menosprezando outros aspectos, é infértil. Além de não estar de acordo com as pesquisas de seu próprio sistematizador, ela não traz qualquer benefício para a prática de consultório.

Em relação aos *filósofos clínicos*, pode haver certa dificuldade de compreensão do próprio método no decorrer de sua prática. A *filosofia clínica* leva em conta a *singularidade*, isto é, modos distintos de manifestação do indivíduo. Por isso, em tese, não há *partilhante* indevido para a clínica filosófica. Exceto em casos nos quais o terapeuta ou a pessoa atendida possam ficar desconfortáveis por alguma razão. Afinal, a clínica requer a qualificação da *interseção*.

A *estrutura de pensamento* abrange as constituições únicas de cada pessoa. Há trinta *tópicos* com infindáveis possibilidades de combinação para haver compreensão dos elementos constitutivos do indivíduo. Não somente os *tópicos* da *estrutura de pensamento* abrangem a *singularidade*. Os *submodos* são procedimentos clínicos altamente personalizados. Em si ou combinados entre eles, viabilizam uma gama infindável de meios para auxiliar quem procura os cuidados do terapeuta. Há trinta e dois *submodos formais* – como partes do método – e *informais* – encontrados no modo de cada um viabilizar sua *estrutura de pensamento*. Nas possibilidades *submodais* da *filosofia clínica* estão contidos os recursos utilizados por outras abordagens terapêuticas. Por isso, ela é tão rica.

Lúcio Packter deixou a *filosofia clínica* em aberto para, por exemplo, acrescentarem *tópicos* à *estrutura de pensamento* em casos nos quais alguma manifestação humana não seja contemplada pelas trinta que a constituem. Devido à natureza da própria forma como foi elaborada a *estrutura de pensamento*, ainda não foi possível pensar um fenômeno inapreensível por ela. Atualmente, com as pesquisas teóricas e a prática de consultório, tem ocorrido o contrário. Como é o caso de excluir o *tópico de singularidade existencial* por ser contraditório com a proposta original e desnecessário para o trabalho do *filósofo clínico*.

Esses são alguns dos fatores que tornam a *filosofia clínica* tão abrangente. Ela não se propõe a ser superior a qualquer outra – mas propõe um caminho diferente. Ela abarca as possibilidades de ser do humano porque é inspirada em vinte e cinco séculos de pensamento filosófico adaptados à clínica. E ela pode ajudar das mais diversas maneiras porque seus procedimentos englobam os já existentes em outras abordagens e possui outras infindáveis possibilidades. Talvez, o *filósofo clínico* que recorre a outras terapias para complementar seus trabalhos, não tenha entendido a riqueza do próprio método.

Lição 48
O desafio do filósofo de Sils Maria

Em sua célebre obra "Ecce Homo", Friedrich Nietzsche diz: "No fim das contas ninguém pode captar nas coisas, incluído os livros, mais do que ele mesmo já sabe. Para aquilo que a gente não alcança através da vivência, a gente também não tem ouvidos". Podemos tomar tal *pré-juízo* como um desafio para nosso trabalho como *filósofos clínicos*.

Segundo Nietzsche, não somos capazes de perceber naquilo que nos é comunicado mais do que encontra correspondência em nossa vivência. Por outro lado, a *filosofia clínica* é um caminho de compreensão do outro, e suas vivências, ainda que essas nada tenham a ver com a nossa. O *pré-juízo* do pensador cuja filosofia é feita a marteladas inviabilizaria o trabalho da clínica filosófica?

Nietzsche é um filósofo das *axiologias*. Faz uma genealogia da moral, critica a moral judaico-cristã. Instaura caminhos para o forte a partir de sua força, desconsiderada pelos fracos vangloriando-se de sua fraqueza e do sistema criado por eles para submeter os fortes. Também é o filósofo do *que acha de si mesmo*, afinal, por falar de coisas pretensamente além das vivenciadas por seus ouvintes e leitores, pensa "Quem não entendeu nada de mim, negou inclusive o fato de considerar minha importância".

Do olhar perscrutador do autor de "Assim falou Zaratustra", de seu alcance impressionante da alma humana, talvez tenha lhe escapado outras possibilidades a partir das quais pode-se acessar o outro sem ter dele as mesmas experiências. Por meio da tese de Arthur Schopenhauer, podemos refletir sobre a subjetividade da *representação de mundo* do filósofo de Sils Maria.

O *filósofo clínico* não vivencia inteiramente as experiências de seu *partilhante*. No entanto, a *recíproca de inversão*, a escuta acolhedora e apurada permitem uma aproximação considerável do outro. O terapeuta e o *partilhante* possuem *representações de mundo* pessoais, inacessíveis em sua totalidade. Mas, a *representação da representação* do *partilhante* realizada pelo *filósofo clínico* por meio da escuta, viabiliza a aproximação, a interação e o trabalho terapêutico.

Inclusive, as experiências do *filósofo clínico*, especialmente seus *pré-juízos*, devem passar por uma "epoché" – suspensão de juízo – a fim de alcançar maior aproximação com a *estrutura de pensamento* do *partilhante*. Portanto, ter tido experiências análogas a fim de compreender o outro não é um pressuposto (e pode ser uma armadilha) para a *filosofia clínica*.

A escuta do *filósofo clínico* o permite ouvir aquilo que está além de suas experiências. O critério e os meios para isso vêm da escuta fenomenológica e da analítica da linguagem. O *filósofo* acessa os *dados de semiose* na medida em que aparecem: palavras, gestos, expressões, vestimentas etc. Além disso, analisa as palavras (*termos*) e sua correspondência com o que habita a *estrutura de pensamento* (*conceitos*) do *partilhante*.

Em alguns casos, a vivência similar pode ser uma barreira. Pois, a *clínica filosófica* não se dá por meio da percepção de similaridades entre a experiência do terapeuta e a do *partilhante*. Como o critério é a *singularidade*, o acesso ao outro é o reconhecimento de que a vivência alheia é única, exclusiva e irrepetível.

Lição 49
A alteridade e a recíproca de inversão

Os termos utilizados pela *filosofia clínica* têm origem na tradição filosófica. No entanto, adquirem um significado específico ao compor o corpo conceitual da nova abordagem terapêutica. Uma das características que distinguem a terminologia da clínica filosófica em relação à utilizada pelas tradicionais conceitualizações das propostas filosóficas está em seu caráter formal, aberto às manifestações da *singularidade*.

Por isso, quando se trata do movimento intelectivo de ir ao mundo do outro, o *filósofo clínico* apresenta a ideia de *recíproca de inversão*. Esta é uma das quatro possibilidades de *espacialidade intelectiva*, ao lado de *inversão*, *deslocamento curto* e *deslocamento longo*. A simplicidade como aparecem essas movimentações resguardam a possibilidade de formalmente acolher as diferentes manifestações de modo de ser de cada *partilhante*.

A *recíproca de inversão* pode ocorrer por dever de função, como no caso de ser motivado por um *papel existencial* como o de um *filósofo clínico*. Pode se dar por querer ajudar alguém a alcançar determinado fim, destacando uma *busca*. Também é possível ocorrer em um movimento amoroso, uma *emoção*. Outro caso pode aparecer na tentativa de entender o ponto de vista do outro, em uma *epistemologia*. Alguém pode considerar importante ir ao mundo do outro, com a motivação da *axiologia*. Não é a intenção aqui esgotar as possibilidades, uma vez que são únicas para cada pessoa. A ênfase está em levar em conta a *recíproca de inversão* enquanto forma, cujo conteúdo virá das distintas *singularidades*.

Mas, há *filósofos clínicos* trabalhando com a ideia da "alteridade". Um conceito pertencente à filosofia de Emmanuel Levinas que trabalha com uma ética da alteridade. A proposta do autor de "Totalidade e infinito" é, sem sombra de dúvidas, importante para o pensamento filosófico do século XX. Todavia, possui uma série de pressupostos, fundamentais para o desdobrar de seu pensamento, mas problemáticos para refletirmos a prática terapêutica da *filosofia clínica*.

Para o trabalho realizado no consultório, a noção de "alteridade" é limitada em relação ao de *recíproca de inversão*. Enquanto a primeira sugere um conteúdo presente nas obras do filósofo francês, o segundo é formal, aberto aos conteúdos possíveis de aparecer no espaço aberto de *interseção* entre *filósofo clínico* e *partilhante*.

As demandas do consultório devem prevalecer a toda tentativa de construção teórica sobre o método terapêutico. O *filósofo clínico* pode ter preferência por qualquer pensamento filosófico, crença religiosa, visões de sociedade etc., mas, no exercício de seu *papel existencial* de terapeuta, o método é realizado em sua máxima potência diante da suspensão de juízo e do *agendamento mínimo*.

Portanto, a *recíproca de inversão*, independente da motivação *tópica* do *filósofo clínico*, é a expressão que mais abrange o movimento de ir ao mundo do outro na clínica. As tentativas de traduzir esse movimento da *espacialidade intelectiva* a partir das teses de outros filósofos pode parecer vantajoso em um diálogo teórico, mas gera poucos frutos para o exercício da *construção compartilhada*. Aliás, quando construtos teóricos complexos antecedem a acolhida do outro, a *postura fenomenológica* e o *agendamento mínimo* já deixaram de propiciar seus benefícios na *interseção* e na compreensão do *partilhante*.

Lição 50
Em constante evolução

Diante da busca pela fidelidade à proposta inicial da *filosofia clínica*, fundamentada na ideia da *singularidade*, é possível afirmar que há a manutenção inalterada do que foi apresentado nos anos de 1990 por Lúcio Packter? Na verdade, não. A *filosofia clínica* hoje foi aprimorada e, mantendo a inspiração inicial, continua a melhorar o entendimento e a prática com refinamentos constantes.

A *filosofia clínica* que começou a ser ensinada no Instituto Packter há quase trinta anos era constituída de um conjunto de ideias ainda em fase de aprimoramento. Lúcio trouxe os resultados de suas pesquisas até então realizadas desde a década anterior. Ao ser apresentado aos alunos, o novo paradigma terapêutico encontrou terreno fértil para desdobramentos antes talvez impensáveis por seu sistematizador.

A *filosofia clínica* que nasce com limitações ante os *raciocínios desestruturados*, passa a conceber os atendimentos em hospitais psiquiátricos. Os critérios de *estruturação* ou *desestruturação* de *raciocínio* – uma contradição para uma abordagem defensora da *singularidade* – cedem lugar para outras lógicas não aristotélicas de compreensão de *estruturas de pensamento*. Assim, as *lógicas dos excessos* ou *do improvável* se fazem compreensíveis por meio da acolhida e da escuta de um *papel existencial* de aprendiz.

A proposta de uma noção prévia de características para a *análise de estrutura de pensamento* perde sua razão de ser. A *autogenia* ganha força enquanto modo de compreensão das *estruturas de pensamento* a partir do próprio *partilhante*. Os *padrões autogênicos* à medida que apontam para a compreensão do todo do indivíduo a partir de suas partes devidamente identificadas nas etapas dos *exames categoriais*, *estrutura de pensamento* e *submodos*, tornam-se abrangentes o suficientes para o trabalho seguro da clínica.

O *tópico de singularidade existencial*, aberto aos supostos fenômenos *singulares* nasceu póstumo. Afinal, a *singularidade* é a consideração de características do modo de ser de cada pessoa sem qualquer comparação. Por isso, afirmar alguém com esse *tópico* é negar o pressuposto do inédito dos indivíduos. Há outras maneiras próprias para lidar com manifestações e experiências supostamente cabíveis neste *tópico* a partir dos demais presentes na *estrutura de pensamento*.

Há quem busque reaproveitar esses *tópicos* com outras caracterizações. Nessas tentativas, a releitura se mostra uma caricatura da proposta inicial. As reconstruções reaproveitavam aspectos já contidos em outros *tópicos* e *submodos*. Tais investimentos apresentaram desconhecimento da abrangência da *filosofia clínica* tanto na sua dimensão de fundamentação metodológica quanto na sua aplicação prática.

A *filosofia clínica* continua aberta aos aprimoramentos. A plasticidade faz parte das ciências e filosofias que perpetuam sua contribuição na humanidade. Embora tenha quase trinta anos de existência, a clínica filosófica é ainda jovem, uma novidade. Sua amplitude e rigor está mais presente nas periferias existenciais dos consultórios dos melhores terapeutas do que nas barulhentas mídias das redes sociais de imagens, de textos ou de vídeos. Quanto a isso, ainda há muito trabalho pela frente.

Breve Glossário

A proposta deste glossário é viabilizar a compreensão básica dos termos apresentados ao longo das lições para facilitar o entendimento do leitor. O aprofundamento na explicação de cada um desses vocábulos e seus desdobramentos exigiria páginas intermináveis. Para mais esclarecimentos e para conhecer todos os termos próprios do vocabulário da *filosofia clínica,* consulte as obras indicadas nas referências, em especial, a "Introdução à Filosofia Clínica" (Vozes, 2021) e o "Dicionário de Filosofia Clínica"[2] da Edição Especial da Revista da Casa da Filosofia Clínica.

Abstrato: ver *sensorial & abstrato.*

Agendamento mínimo: orientação que os *filósofos clínicos* recebem para evitar influenciar com palavras, gestos e ações os pensamentos, palavras e ações dos *partilhantes.* Um esforço exercido pelo terapeuta para que, ao influenciar minimamente a pessoa atendida, obtenha – dentro do possível – as informações do *partilhante* a partir de seus próprios parâmetros.

Agendar: ver *agendamento mínimo* e *termos agendados no intelecto.*

Alta compartilhada: quando há acordo entre *filósofo clínico* e *partilhante* de que a terapia concluiu seu processo ou que o *assunto último* foi trabalhado e o *partilhante* pode seguir sua vida sem a clínica. Em geral, após concluir esse ciclo, a pessoa pode voltar a procurar o terapeuta quando quiser ou

[2] Disponível para download gratuito no blog da Casa da Filosofia Clínica: https://casadafilosofiaclinica.blogspot.com/2024/03/revista-da-casa-da-filosofia-clinica-outono-2024-dicionario.html

achar necessário. A iniciativa da alta pode também partir somente do *filósofo clínico* ou do *partilhante.*

Análise de estrutura de pensamento: *tópico* pensado para qualificar a *estrutura de pensamento* (*EP*). Assim, ela poderia ser considerada "forte", "fraca", "permeável", "impermeável", "instável", "caótica", "ordenada" etc. Mas, essas classificações dependiam de um critério externo e normativo para serem realizadas. Por isso, caiu em desuso. Para analisar a *EP* a partir de cada *partilhante,* o *tópico autogenia* cumpre plenamente essa função resguardando a *singularidade.*

Assunto imediato e último: O *assunto imediato* é a queixa, a questão ou o problema apresentado pelo *partilhante* como aquilo que o levou a procurar o *filósofo clínico.* O *assunto último* é a questão a ser trabalhada após o *filósofo clínico* ouvir a *história de vida* do *partilhante,* realizar as três etapas da clínica – *exames categoriais, estrutura de pensamento* e *submodos* – e encontrar os possíveis choques entre *tópicos,* entre *tópicos* e *categorias* etc. Encontrado o *assunto último,* o *filósofo clínico* faz seu *planejamento clínico* para auxiliar seu *partilhante* a alcançar seu *bem-estar subjetivo.* Ver *exames categoriais.*

Assunto último: ver *assunto imediato e último* e *exames categoriais.*

Autogenia: como *tópico* da *estrutura de pensamento* (*EP*) se refere ao modo como ocorre a *interseção* entre os demais *tópicos* dessa *EP.* Como *submodo* se refere às alterações dessa *interseção.* Por isso, como *tópico* ou *submodo* traz a noção de movimento considerando a plasticidade da *EP.* O *padrão autogênico* se refere ao conjunto de relações entre a *EP* e o mundo (*exames categoriais*) da pessoa. A *autogenia horizontal* consiste em modificar esse *padrão autogênico* mantendo as vizinhanças (*tópicos* e *categorias*) existenciais. A *autogenia vertical* considera a mudança modificando algumas dessas vizinhanças. Porém, nossa perspectiva mantém o *partilhante* como critério. Desse modo, não aceitamos outras noções de *padrões autogênicos* compreendidas segundo patamares existenciais e densidades cujos critérios são normativos, previamente dados e externos à pessoa.

Axiologia: *tópico* da *estrutura de pensamento* no qual é reconhecida a valoração do *partilhante*: melhor, pior, importante, ruim, excelente, certo, errado etc. Enquanto *submodo*, trata do uso desse recurso valorativo.

Bem-estar subjetivo: trata-se de algo que se busca alcançar na terapia com um *filósofo clínico*. Se refere ao *bem-estar* almejado e acessível segundo cada subjetividade. Portanto, o critério para estipular o sentido, a constituição ou o funcionamento desse *bem-estar subjetivo* é o *partilhante*.

Busca: *tópico* da *estrutura de pensamento* no qual é identificado para onde o *partilhante* se dirige existencialmente: sonhos, metas, finalidades, projetos etc. Pode ocorrer da *busca* estar em curso ou constar como vontade ou desejo não realizado. Enquanto *submodo* é a viabilização ou elaboração dessa *busca*.

Categorias: ver *exames categoriais*.

Certificado A: ver *filosofia clínica*.

Certificado B: ver *filosofia clínica*.

Circunstância: *categoria* a partir da qual o *filósofo clínico* colhe as informações referentes aos contextos históricos e existenciais do *partilhante* através do relato de sua *historicidade*. Ver *exames categoriais*.

Como o mundo parece: *tópico* da *estrutura de pensamento* que se refere ao modo como cada pessoa compreende a realidade política, econômica, cultural, regional, nacional etc. na qual está ou não inserida.

Comportamento e função: é o *tópico* da *estrutura de pensamento* que se refere à identificação do *comportamento* (ex.: beber água) e a respectiva *função* (ex.: saciar a sede) que cumpre na *estrutura* do *partilhante*. Pode-se ter vários *comportamentos* e uma *função*, várias *funções* e um *comportamento* etc.

Conceito: em *filosofia clínica, conceito* se refere ao que habita a pessoa. Os *tópicos* da *estrutura de pensamento* e seus respectivos conteúdos são *conceitos*. A contraposição a esse elemento é o *termo* que constitui o *conceito* expresso em forma de palavra, gesto ou acontecimento. Por exemplo: João se apaixonou (*conceito*) por Maria, se declarou (*termo*) para ela.
Construção compartilhada: é como compreendemos o processo terapêutico da *filosofia clínica*. O *filósofo clínico* e o *partilhante* caminham lado a lado e, via *interseção*, encontram meios para lidar com o *assunto último* e outras demandas que surgirem na terapia.
Dado atualizado: trata-se das informações atualizadas colhidas a cada nova sessão. Podem ser mudanças no comportamento entre as sessões, de pensamento sobre algum evento, alterações no sentido de algum problema ou questão etc.
Dados de matemática simbólica: ver *matemática simbólica*.
Dados de semiose: ver *semiose*.
Dados divisórios: meio a partir do qual o *filósofo clínico* preenche as lacunas nas informações fornecidas pelo relato da *história de vida* do *partilhante*. O *submodo* utilizado é a *divisão*. (Por exemplo: Pode falar sobre o que ocorreu entre você concluir o ensino médio até o ingresso na faculdade?) Ver *divisão*.
Dado literal: como a *filosofia clínica* não trabalha com interpretações, o critério ocorre pela escuta fenomenológica e pela *hermenêutica compreensiva*. Por isso, as informações são consideradas em sua literalidade e o sentido é fornecido pelo próprio *partilhante*.
Deslocamento curto: se refere à parte do *tópico* da *estrutura de pensamento* chamado *espacialidade intelectiva* e do *submodo deslocamento curto*. Trata-se da atenção voltada ao que se encontra ao alcance dos sentidos – tato, olfato, paladar, audição e visão – como o ambiente, os objetos, os movimentos etc. Enquanto *tópico*, é a identificação dessa *espacialidade* no

partilhante; como *submodo* é a identificação desse movimento em ação na pessoa atendida ou seu estímulo provocado pelo *filósofo clínico* em seus *procedimentos clínicos*.

Deslocamento longo: se refere à parte do *tópico* da *estrutura de pensamento* chamado *espacialidade intelectiva* e do *submodo deslocamento longo*. Trata-se da atenção voltada ao que se encontra fora do alcance dos sentidos. Pode ser uma lembrança do passado, um pensamento sobre o que está acontecendo no presente em outro lugar, uma perspectiva do futuro etc. Enquanto *tópico*, é a identificação dessa *espacialidade* no *partilhante*; como *submodo* é a identificação desse movimento em ação na pessoa atendida ou seu estímulo provocado pelo *filósofo clínico* em seus *procedimentos clínicos*.

Discurso completo e incompleto: *tópico* inicialmente pensado para identificar quando a pessoa tinha um *discurso* com começo, meio e fim (*completo*) ou sem um desses três elementos (*incompleto*). Em seguida, houve uma proposta de considerar esse *tópico* segundo um discurso existencial, uma vivência completa ou incompleta. (Por exemplo: um curso universitário interrompido antes da obtenção do diploma seria um discurso incompleto.) Mas, tal uso pode ser identificado segundo o uso dos demais *tópicos* existentes, tornando-o obsoleto. Atualmente, tem-se considerado a completude ou não de um discurso segundo os "jogos de linguagem", seguindo a lógica subjetiva e suas incontáveis variações e não mais segundo uma lógica formal. Assim, a completude ou não de um discurso, caso seja considerada, ocorrerá a partir de como é encontrada em cada *partilhante*.

Divisão: *submodo* cuja finalidade é preencher lacunas de informação entre dois eventos ou promover cisões em ideias, ações entre outras funcionalidades. Ver *dados divisórios*.

Em direção ao desfecho: *submodo* que consiste em levar a pessoa a concluir um processo temporária ou definitivamente, seja no pensamento, seja na ação.

Em direção ao termo singular: *submodo* que consiste em passar de um *termo* ou *conceito* universal (ex.: Todo homem é mortal.) para de um *termo* ou *conceito* singular (ex.: Sócrates é mortal.).

Em direção ao termo universal: *submodo* que consiste em passar de um *termo* ou *conceito* singular (ex.: Sócrates é mortal.) para de um *termo* ou *conceito* universal (ex. Todo homem é mortal.).

Em direção às ideias complexas: *submodo* utilizado para levar o pensamento para as derivações das abstrações, cada vez mais distantes dos dados *sensoriais*.

Emoções: *tópico* da *estrutura de pensamento* a partir do qual o *filósofo clínico* identifica os dados afetivos do *partilhante*: amor, ódio, alegria, tristeza, angústia, ansiedade etc.

Enraizamento: *procedimento clínico* que consiste em sugerir um aprofundamento de um termo, ideia ou acontecimento para obter mais informações sobre o *partilhante*. (Por exemplo: Pode falar um pouco mais sobre sua experiência no seu primeiro dia no trabalho?)

Epistemologia: *tópico* da *estrutura de pensamento* que se refere ao modo como o *partilhante* realiza seu processo de *conhecimento* e *submodo* utilizado para a realização ou viabilização desse aprendizado.

Especialista em filosofia clínica: ver *filosofia clínica*.

Estágio supervisionado: etapa de formação dos estudantes de *filosofia clínica* no qual iniciam os atendimentos sob a supervisão de um *filósofo clínico* experiente habilitado. Ver *filosofia clínica*.

Esteticidade bruta: *submodo* utilizado para expressar de modo pouco controlado o que ocorre com o *partilhante* por meio de choro, grito, quebrar coisas, xingar etc. Um *dado de semiose*. Ver *semiose*.

Esteticidade seletiva: *submodo* que viabiliza a expressão do que se encontra na *estrutura de pensamento* do *partilhante*:

música, pintura, escultura, poesia etc. Um *dado de semiose*. Ver *semiose*.

Estrutura de pensamento: consiste na identificação de como o *partilhante* é ou está sendo (dada a sua plasticidade). Se a *estrutura de pensamento* se refere a tudo o que habita o sujeito, os trinta e dois *tópicos* consistem em "lugares" dessa *estrutura* onde são identificados determinados conteúdos (ex.: *emoções, axiologia, epistemologia, como o mundo parece* etc.). Trata-se de uma visão estrutural da pessoa. Também pode ser compreendido no modo como a pessoa se estrutura segundo os *tópicos* que a constituem. Ver *autogenia*.

Evolução do assunto imediato: os desdobramentos do *assunto imediato* relatados ao longo das sessões.

Exames categoriais: constituído de cinco *categorias* – *assunto imediato e último, circunstância, lugar, tempo* e *relação* – trata-se da etapa da clínica filosófica a partir da qual localiza existencialmente o *partilhante*, desde a queixa inicial até início dos *procedimentos clínicos*, com acompanhamento de seus desdobramentos até a alta.

Expressividade: enquanto *tópico* é a identificação do que a pessoa mantém de si nas relações. Enquanto *submodo* é a viabilização do *tópico* homônimo.

Filosofia clínica: método terapêutico elaborado por Lúcio Packter entre os anos 1980 e o início dos anos 1990. Em meados dos anos 1990, começou a ser ensinado por Lúcio no Instituto Packter – nome dado em homenagem a seu avô Bernardo Packter. A formação deve ser realizada em uma instituição apta, como a Casa da Filosofia Clínica, e segue duas etapas. A primeira é a da *especialização*. O *especialista em filosofia clínica* é quem cursou a etapa teórica da formação. O *filósofo clínico* é aquele que, após a formação teórica, fez o *pré-estágio* e o *estágio supervisionado* e, após a aprovação, obteve a *habilitação à clínica*. Quem se forma na primeira etapa recebe o *Certificado B* e torna-se um pesquisador e pode oferecer consultorias. Os habilitados à clínica obtêm o *Certificado A* e, além da pesquisa e consultoria, podem realizar atendimentos terapêuticos individuais ou para mais pessoas em consultórios, hospitais, escolas, empresas, entre outras.

Filósofo clínico: ver *filosofia clínica.*

Habilitação à clínica: ver *filosofia clínica.*

Hermenêutica compreensiva: os estudos de Hélio Strassburger mostraram que os trabalhos de Hans-Georg Gadamer não só contribuíram para o *tópico pré-juízo* – pensado por Lúcio Packter – como também para refletir sobre a tarefa do *filósofo clínico* de acolher a expressão do *partilhante* a partir de uma *hermenêutica compreensiva* que, em contraposição a uma hermenêutica interpretativa, nada acrescenta ou subentende ao conteúdo apresentado. Desse modo, mantém a escuta fenomenológica e o espaço para que o *partilhante* se *traduza* ao longo das sessões.

História de vida: ver *historicidade.*

Historicidade: relato da *história de vida* do *partilhante* contado segundo suas vivências e memórias. Matéria prima a partir da qual o *filósofo clínico* faz os *exames categoriais*, identifica a *estrutura de pensamento* e os *submodos.*

Informação dirigida: *submodo* a partir do qual o *filósofo clínico* indica fontes de informação para o *partilhante*: livros, filmes, séries, sites etc.

Intencionalidade dirigida - filtro: *submodo* a partir do qual o *filósofo clínico* direciona a atenção do *partilhante*. Pode ser para situações, aspectos de uma lembrança, ideias, percepções etc.

Interseção: se refere à relação entre *filósofo clínico* e *partilhante*, entre pessoas e grupos. Ela pode ser *positiva* (quando há bem-estar), *negativa* (quando há mal-estar), *mista* (quando oscila entre positiva e negativa), *indeterminada* ou *confusa* (quando não é possível ou é difícil identificar). Enquanto *tópico* é identificado como *interseções entre estruturas de pensamento*. Também pode servir para identificar a relação entre os *tópicos* de uma *estrutura de pensamento* enquanto *autogenia*.

Interseção entre estruturas de pensamento: *tópico* da *estrutura de pensamento (EP)* que identifica a relação entre as *EPs* de duas ou mais pessoas, inclusive os *tópicos* envolvidos. Ver *interseção* e *autogenia*.

Intuição: *submodo* a partir do qual a pessoa chega a conclusões, percepções, sensações, impressões sobre ideias, situações ou pessoas sem passar pela elaboração do raciocínio.

Inversão: parte do *tópico* da *estrutura de pensamento* denominado de *espacialidade intelectiva* e *submodo inversão*. Consiste em voltar a atenção para si – para o próprio corpo ou pensamentos – e, em alguns casos, ser capaz de atrair a atenção do outro (através da *recíproca de inversão*) para si. Enquanto *tópico*, é a identificação dessa *espacialidade* no *partilhante*; como *submodo* é a identificação desse movimento em ação na pessoa atendida ou seu estímulo provocado pelo *filósofo clínico* em seus *procedimentos clínicos*.

Lógicas do improvável: quando a *filosofia clínica* começou a ser ensinada, Lúcio Packter propôs como critério para o atendimento o *raciocínio estruturado* dos *partilhantes*. Aqueles que não pensavam segundo o critério da lógica formal e que, em tese, não poderiam responder por si na sociedade eram excluídos da clínica. Mas, o trabalho de Hélio Strassburger em hospitais psiquiátricos mostrou que as lógicas também devem ser compreendidas segundo o critério da *singularidade*. Assim, em suas obras, apresentou a termos como *lógica dos excessos* e do *improvável* como recurso de demonstração dessa possibilidade do *filósofo clínico* de se abrir aos *partilhantes* independentemente de como se enquadram nos critérios normativos da sociedade. Ver *raciocínio estruturado e desestruturado*.

Lógica dos excessos: ver *lógica do improvável.*

Lugar: *categoria* a partir da qual o *filósofo clínico* identifica como o *partilhante* faz a experiência dos lugares: o que pensa, sente, imagina quando está em algum lugar. Ver *exames categoriais.*

Matemática simbólica: *tópico* da *estrutura de pensamento* (*EP*) a partir do qual o *filósofo clínico* analisa em conjunto as relações da *EP* (*autogenia*) com o mundo (*exames categoriais*) e os modos de ser (*submodos*) do *partilhante.* Compreensão dos *padrões autogênicos* e *planejamento clínico* para trabalhá-los. A *matemática simbólica* pode ser vista tanto como o olhar sobre o *partilhante* após identificá-lo estruturalmente, algo feito desde os primeiros trabalhos dos *filósofos clínicos* e que resguardam a *singularidade*; até o uso com propostas tipologizadoras que deturpam a inspiração original – sobre a qual alguns capítulos do livro discorrem.

Mundo como representação: pressuposto da *filosofia clínica* que compreende cada pessoa com uma representação subjetiva do mundo. Sendo impossível obter por exatidão a *representação de mundo* do *partilhante,* o *filósofo clínico* obtém por aproximação uma *representação da representação* a partir da escuta compreensiva.

O que acha de si mesmo: segundo *tópico* da *estrutura de pensamento* a partir da qual o *filósofo clínico* reúne as informações sobre como o *partilhante* se entende, interpreta, define.

Padrão autogênico: ver *autogenia* e *matemática simbólica.*

Paixão dominante: *tópico* da *estrutura de pensamento* a partir do qual o *filósofo clínico* reúne informações sobre pensamentos, ideias ou ações que ocorrem com frequência no *partilhante.*

Papel existencial: *tópico* da *estrutura de pensamento* a partir do qual o *filósofo clínico* reúne informações sobre como o *partilhante* se identifica nas relações: professor, aluno, pai, mãe, estudante, terapeuta etc.

Partilhante: nome dado a quem procura pelos cuidados do *filósofo clínico*. Aquele que durante um período de sua existência recorre ao auxílio do *filósofo clínico* para lidar com suas questões. Por não haver relação de saber/poder, o *partilhante* encontra no *filósofo clínico* inicialmente alguém para com ele caminhar lado a lado.

Planejamento clínico: planejamento realizado pelo *filósofo clínico* antes das sessões para encaminhar a terapia.

Postura fenomenológica: diferente das abordagens terapêuticas que usam a fenomenologia como mais um elemento teórico em seu método, a *filosofia clínica* trouxe a fenomenologia enquanto a postura do *filósofo clínico*, como exercício de suspensão de juízo ("epoché") viabilizando a abertura às expressões da *singularidade* do *partilhante*. O *filósofo clínico* Fernando Fontoura trabalha esse tema em seu livro e em artigos publicados em algumas edições da Revista da Casa da Filosofia Clínica (ver bibliografia).

Pré-estágio: ver *filosofia clínica*.

Pré-juízo: *tópico* da *estrutura de pensamento* no qual o *filósofo clínico* reúne informações sobre as verdades subjetivas do *partilhante*.

Princípios de verdade: *tópico* da *estrutura de pensamento* a partir do qual o *filósofo clínico* identifica os conteúdos compartilhados (ou em comum) por duas ou mais pessoas, grupos, comunidades, nações etc. Esses conteúdos podem se referir a *pré-juízos, axiologia, busca*, entre outros.

Procedimentos clínicos: procedimentos realizados pelo *filósofo clínico* no decorrer das sessões, desde a colheita das primeiras informações até a conclusão da terapia, com o uso dos *submodos*.

Raciocínio estruturado e desestruturado: *tópico* da *estrutura de pensamento* que constata se o *partilhante* possui um raciocínio estruturado ou se é desestruturado segundo os critérios da lógica formal. Inicialmente criado para que o *fi-*

lósofo clínico identificasse *partilhantes* que não poderia atender pois, por terem o *raciocínio desestruturado*, não poderiam responder socialmente por seus atos. Função atualmente em desuso. Hoje, esse *tópico* pode auxiliar a perceber se um *partilhante* está desestruturado levando em conta seu próprio eixo estrutural, não mais com critérios normativos nem com propósitos excludentes. Ver *lógica do improvável.*

Recíproca de inversão: parte do *tópico espacialidade intelectiva* da *estrutura de pensamento* e *submodo recíproca de inversão*. Se refere à atenção voltada ao outro: suas falas, gestos, expressões, influências, narrativas etc. Ir ao mundo do outro. Enquanto *tópico*, é a identificação dessa *espacialidade* no *partilhante*; como *submodo* é a identificação desse movimento em ação na pessoa atendida ou seu estímulo provocado pelo *filósofo clínico* em seus *procedimentos clínicos.*

Relação: *categoria* a partir do qual o *filósofo clínico* identifica as relações do *partilhante* consigo, com os outros e as coisas, bem como a qualidade dessas *interseções*. Ver *exames categoriais.*

Representação de mundo: ver *mundo como representação.*

Semiose: ou *dados de semiose* é o *tópico* da *estrutura de pensamento* a partir do qual o *filósofo clínico* identifica os meios pelos quais o *partilhante* se expressa: fala, sorriso, vestimenta, escrita, choro, música etc.

Sensorial & abstrato: *tópico* da *estrutura de pensamento* (*EP*) utilizado pelo *filósofo clínico* para identificar as relações entre as sensações e abstrações do *partilhante* bem como, em alguns casos, a predominância de uma delas em algumas *EP*.

Significado: *tópico* da *estrutura de pensamento* a partir do qual o *filósofo clínico* reúne informações sobre como o *partilhante* interpreta os pensamentos, as ideias, os acontecimentos, os gestos alheios etc.

Singularidade: pressuposto fundamental da *filosofia clínica* que considera cada pessoa como única, assim como sua *representação de mundo*. Princípio a partir do qual todo o método da clínica filosófica foi pensado e continua sendo aperfeiçoado.

Submodos: meios para viabilizar a *estrutura de pensamento* pelas abstrações (ex.: pensamentos) ou ações (ex.: atos concretos). Os *submodos informais* são os que o *partilhante* já utiliza em seu cotidiano. Os *submodos formais* são aqueles dos quais o *filósofo clínico* dispõe para seus *procedimentos clínicos*.

Submodos formais: ver *submodos*.

Submodos informais: ver *submodos*.

Tempo: *categoria* a partir da qual o *filósofo clínico* reúne informações sobre a relação entre o *tempo* subjetivo do *partilhante* e o *tempo* convencionado (relógio, calendário etc.). Ver *exames categoriais*.

Termo: ver *conceito*.

Termos agendados no intelecto: *tópico* da *estrutura de pensamento* a partir do qual o *filósofo clínico* reúne informações sobre aquilo que o *partilhante* guardou na memória do que viveu. Trata-se de experiências (fatos, palavras, acontecimentos) marcantes em sua *estrutura de pensamento*.

Termos unívoco e equívoco: *tópico* da *estrutura de pensamento* a partir do qual o *filósofo clínico* identifica palavras, gestos ou acontecimentos com sentido claro (*termo unívoco*) ou polissêmico (*termo equívoco*) dando margem à dificuldade para encontrar o sentido pretendido pelo emissor.

Tópicos: ver *estrutura de pensamento*.

Tópico de singularidade existencial: pensado para abarcar fenômenos como o dos "paranormais". Mas, a ideia de paranormalidade requer um conceito de norma, desconsiderada pela *filosofia clínica*. Além disso, buscou-se mostrar que esse *tópico* consideraria experiências como dialogar com espíritos, abdução extraterrestre entre outras. Mas, essas características relatam experiências e não se enquadram em *tópicos* da *estrutura de pensamento* (*EP*). É possível identificar os *tópicos* envolvidos nas experiências sem que elas precisem se tornar um *tópico*. Por fim, houve uma proposta de tornar este *tópico* um espaço resguardado para a criação de um *tópico* específico de acordo com características da *EP* que não encontrasse "lugar" em outro *tópico*. Mas, as alternativas também se referiam às experiências e não ao conteúdo estrutural do indivíduo, tornando essa opção também desconsiderada. Trata-se, portanto, de um *tópico* em desuso.

Tradução: *submodo* que consiste em explicar o sentido de gestos, palavras, ideias e acontecimentos.

Vice-conceitos: *submodo* que consiste em expressar conteúdos, ideias, pensamentos por linguagem simbólica, analogia ou com sentido figurado.

Quadro do conteúdo de base da filosofia clínica

Critérios para preenchimento dos tópicos

Evolução do Assunto Imediato; Dado Padrão; Dado Atualizado; Dado Literal

Exames Categoriais

Assunto Imediato e Último, Circunstância, Lugar, Tempo e Relação

Tábua de Tópicos

1. Como o mundo parece
2. O que acha de si mesmo
3. Sensorial e Abstrato
4. Emoções
5. Pré-juízos
6. Termos Agendados no Intelecto
7. Termos: universal, particular, singular
8. Termos: unívoco e equívoco
9. Discurso: completo e incompleto
10. Raciocínio estruturado e desestruturado
11. Busca
12. Paixões dominantes
13. Comportamento e função
14. Espacialidade: inversão, recíproca de inversão, deslocamento curto e deslocamento longo
15. Semiose
16. Significado
17. Armadilha conceitual
18. Axiologia
19. Tópico de singularidade existencial
20. Epistemologia
21. Expressividade
22. Papel existencial
23. Ação

24. Hipótese
25. Experimentação
26. Princípios de verdade
27. Análise da estrutura
28. Interseções de estrutura de pensamento
29. Dados da matemática simbólica
30. Autogenia

Tábua de Submodos

1. Em direção ao termo singular
2. Em direção ao termo universal
3. Em direção às sensações
4. Em direção às ideias complexas
5. Esquema resolutivo
6. Em direção ao desfecho
7. Inversão
8. Recíproca de inversão
9. Divisão
10. Argumentação derivada
11. Atalho
12. Busca
13. Deslocamento curto
14. Deslocamento longo
15. Adição
16. Roteirizar
17. Percepcionar
18. Esteticidade bruta
19. Esteticidade seletiva
20. Tradução
21. Informação dirigida
22. Vice-conceito
23. Intuição
24. Retroação
25. Intencionalidade dirigida - Filtro
26. Axiologia
27. Autogenia
28. Epistemologia
29. Reconstrução
30. Análise indireta: função, ação, hipótese, experimentação
31. Expressividade
32. Princípios de verdade

Referências

AIUB, Monica. *Como ler a Filosofia Clínica.* Prática da autonomia de pensamento. 2 ed. São Paulo: Paulus, 2010.

____. *Para entender filosofia clínica*: o apaixonante exercício do filosofar. 2 ed. Rio de Janeiro: WAK Editora, 2008.

CARVALHO, José Mauricio de. *Estudos de Filosofia Clínica:* uma abordagem fenomenológica. Curitiba: Ibpex, 2008.

____. *Filosofia clínica:* estudos de fundamentação. São João del-Rei: UFSJ, 2005.

CARUZO, Miguel Angelo. *Introdução à Filosofia Clínica.* Petrópolis, RJ: Vozes, 2021.

COLOMBO, Beto; SEFSTROM, Rosemiro. *A alma da empresa*: filosofia clínica nas organizações. Edição Bilíngue: português-espanhol. Florianópolis: Dois Por Quatro Editora, 2019.

DANTAS, Vânia; CLAUS, Marta; FARADAY, Sarauter (org). *Terapia em Filosofia Clínica:* percepções e aprendizagem. Fortaleza: 2004.

FERNANDES, Claudio et. al. (org). *Filosofia clínica*: submodos. São Paulo: Ed. Independente, 2020.

____. *Filosofia clínica*: tópicos. São Paulo: Ed. Própria, 2021.

FILOSOFIA ESPECIAL. *O saber filosófico de Nietzsche, Hume, Heidegger e Locke, entre outros, na polêmica Filosofia Clínica.* Ano 1, nº4.

FONTOURA, Fernando. *O ser terapeuta em filosofia clínica.* Porto Alegre: Ed. do Autor, 2023.

GASPERIN, Rafael M. de; DEL RÍO, Enriqueta Guadalupe (coord). *Filosofía clínica*: puentes existenciales. Monterrey, Nuevo León, México: Ediciones Cauce - Licorne, 2020.

GOYA, Will. *A escuta e o silêncio*: a história e Laura - terapia em filosofia clínica. 4 ed. Porto Alegre: Editora Mikelis, 2020.

____. *A escuta e o silêncio:* lições do diálogo na filosofia clínica. Listening and silence: lessons from dialog in clinical philosophy / Will Goya; tradução Clare Charity; revisão Fernanda Moura. – 2. ed. – Goiânia: Ed. da PUC Goiás, 2010.

MEYER, Ildo. *Visita de médico*: uma aproximação entre a filosofia clínica e medicina. Petrópolis, RJ: Vozes, 2016.

NUNES, Rochelle G.; PEDROSA, Rose (org). *Dicionário de filosofia clínica.* Fortaleza: Imprensa Universitária UFC, 2000.

PACKTER, Lúcio. *Ana e o Dr. Finkelstein.* Florianópolis: Garapuvu, 2003.

____. *Armadilhas Conceituais.* Florianópolis: Garapuvu, 2003.

____. *Aspectos Matematizáveis em Clínica.* Florianópolis: Garapuvu, 2003.

____. *Cadernos de filosofia clínica.* Porto Alegre: Instituto Packter, s/d.

____. *Buscas:* Caminhos Existenciais. Florianópolis: Garapuvu, 2004.

____. *Filosofia Clínica:* A filosofia no hospital e no consultório. São Paulo: All Print Editora, 2008.

____. *Filosofia Clínica:* Propedêutica. Florianópolis: Garapuvu, 2001.

____. *Filosofia Clínica:* Propedêutica. Porto Alegre: AGE, 1997.

____. *Semiose:* aspectos traduzíveis em clínica. Edição e revisão final de Alex Mourão. Fortaleza: Gráfica e Editora Fortaleza, 2002.

PARDAL, Mário Luiz. *Filosofia Clínica como Terapia:* Uma introdução ao estudo da filosofia clínica. 1 ed. Campinas: Centro de Filosofia Clínica Campinas, 2001.

PAULO, Margarida Nichele (org); WICKERT, Tarcísio Alfonso; RETAMAR, Ana Maria; NIEDERAUER, Maria Zambom; TRINDADE, Nara Regina. *Primeiros Passos em Filosofia Clínica.* Porto Alegre: Imprensa Livre, 1999.

____. NIEDERAUER, Mariza Zambom. *Compêndio de Filosofia Clínica* – Caso Nina. Revisado e ampliado. 1 ed. Rio de Janeiro: Livre Expressão, 2013.

____. *Compêndio de Filosofia Clínica.* 1 ed. Porto Alegre: Imprensa Livre, 1999.

Revista da Casa da Filosofia Clínica. Edição 00. Porto Alegre: Outono, 2022.

Revista da Casa da Filosofia Clínica. Edição 01. Porto Alegre: Inverno, 2022.

Revista da Casa da Filosofia Clínica. Edição 02. Porto Alegre: Primavera, 2022.

Revista da Casa da Filosofia Clínica. Edição 03. Porto Alegre: Verão, 2022.

Revista da Casa da Filosofia Clínica. Edição 04. Porto Alegre: Outono, 2023.

Revista da Casa da Filosofia Clínica. Edição 05. Porto Alegre: Inverno, 2023.

Revista da Casa da Filosofia Clínica. Edição 06. Porto Alegre: Primavera, 2023.

Revista da Casa da Filosofia Clínica. Edição 07. Porto Alegre: Verão, 2023.

Revista da Casa da Filosofia Clínica. Dicionário de Filosofia Clínica. Edição Especial 08. Porto Alegre: Outono, 2024.

ROSSI, Rosângela. *Ser terapeuta.* Petrópolis, RJ: Vozes, 2015.

STRASSBURGER, Hélio. *A palavra fora de si:* Anotações de Filosofia Clínica e Linguagem. 1 ed. Porto Alegre: Multifoco, 2017.

____. *Filosofia clínica:* anotações e reflexões de um consultório. Porto Alegre: Sulina, 2021.

____. *Filosofia clínica:* Diálogos com a lógica dos excessos. Rio de Janeiro: E-Papers, 2009.

____. *Filosofia clínica:* poéticas da singularidade. Rio de Janeiro: E-Papers, 2007.

____. *Filosofia Clínica e discurso existencial.* Revista Sílex. Vol. 12 - enero-diciembre 2022. pp. 126-142. https://doi.org/1053870/silex. 2022121198. Universidad Antonio Ruiz de Montoya (UARM).

____. *Filosofia clínica e literatura*: conversações. Porto Alegre: Sulina, 2023.

____. *Pérolas imperfeitas:* apontamentos sobre as lógicas do improvável. Porto Alegre: Sulina, 2012.

Este livro foi confeccionado especialmente para a
Editora Meridional Ltda, em Charis SIL, 10,8 pt e
impresso na Gráfica Meta Brasil.